JN449726

현대 중국 생활차

현대 중국 생활차

2008년 3월 1일 초판1쇄 인쇄
2008년 3월 10일 초판1쇄 발행

지은이 김정희 · 조미라 · 김신연
만든이 홍기원
만든곳 민속원

총 괄 홍종화
편 집 오경희 · 조정화 · 오성현 · 신나래 · 방기은
영 업 박정대 · 박병준

주 소 서울시 마포구 대흥동 337-25
등 록 제18-1호
전 화 02) 804-3320, 805-3320, 806-3320
팩 스 02) 802-3346
E-mail minsok1@chollian.net
홈페이지 www.minsokwon.com

ⓒ 김정희 · 조미라 · 김신연, 2008
정가 18,000원

ISBN 978-89-5638-543-3 03380

* 잘못된 책은 바꿔드립니다.
* 저자와의 협의하에 인지는 생략합니다.

현대 중국 생활茶

김정희 · 조미라 · 김신연

민속원

『현대 중국 생활차』를 펴내며

차를 공부하면서 좋은 차도 많이 마시고 좋은 사람도 많이 만났다. 그래서 차를 단순한 기호음료가 아닌 영혼의 음료라고 하나보다. 차를 공부한지 여러 해가 되면서 차를 주위 사람들에게도 널리 알리고 싶은 마음이 저절로 들었다.

2007년도에 서울시 지원으로 한양여자대학 중국어과에서 『중국차전문가 양성과정』을 개설하게 되었다. 그 때 우리 세 사람이 모여 중국차 전문가가 꼭 알아야 할 것은 무엇인가 고민하며 일차 교재를 완성하였다.

바로 이어서 지난 가을에는, 중국차전문가 양성과정 수료생들의 향학열에 보답하고자 한양여자대학 평생교육원에 『중국차전문가 심화과정』을 개설하였다. 심화과정을 운영하면서 중국차전문가로서 갖추어야 할 것은 무엇인가 재차 고민하며 교재도 수정 보완하였다.

중국차전문가 과정은 단기 일회성으로 개설되었지만, 이후 중국차에 관심 있는 분들로부터 교재 구입과 강의 개설에 대한 문의가 이어져서 그에 보답하고자 우리는 책으로 출판하기로 하였다.

이 책은 이론적인 측면보다는 실용성을 중심으로 구성되었으며 다예부분은 대만의 육우다예중심에서 교육되기 시작한 소호다법을 기준으로 했다. 본문 가운데 「중국차 기초지식」, 「중국차 실습」, 「다구」, 「차문화 공간」, 「차회」 등은 조미라 교수가 집필하고, 「중국의 명차」 부분은 김신연 교수가 집필하였으며, 「중국차의 역사와 전파」 및 「중국 차문화사」는 김정희 교수가 집필하였다.

한국을 비롯하여 중국과 대만 및 일본에서 출판된 중국차 관련 문헌들은 이 책이 나오기까지 큰 도움이 되었다. 연구 논문이 아닌 교재의 특성상, 주석으로 밝히지는 못하였으나 우리가 참고한 저서와 관련 자료들은 참고문헌으로 대신하였다.

책 가운데 실려 있는 많은 사진 자료의 수집과 촬영은 순전히 조미라 교수의 열정이 있어 가능하였다. 몇 차례에 걸쳐 반복되는 촬영에도 늘 단아한 모습으로 다예시연을 해 준 가송다례원 유정숙 원장의 적극적인 협조는 우리에게 깊은 감동을 안겨 주었다. 덕분에 실기 내용을 쉽게 이해할 수 있고 나아가 이 책을 더 아름답게 만들 수 있게 되었다.

막상 책으로 엮고 보니, 중국차문화의 방대함에 비해 책에서 언급할 수 있는 부분이 극히 제한적이라는 사실을 알았다. 현대 중국 생활차의 전모를 드러내는 데는 턱없이 부족하다는 것도 실감하였다. 여러 가지로 미흡하지만, 중국차를 이해하고자 하는 모든 사람들에게 조금이나마 도움이 되리라는 기대로 모험을 무릅쓰고 세상에 이 책을 내 놓게 되었다. 차계의 중국차전문가들의 많은 가르침을 바란다.

오랜 시간에 걸친 공동 작업의 어려움을 이겨내고 이 책이 세상에 나올 수 있도록 도와주신 많은 분들과 민속원 관계자들에게 감사드린다.

2008년 2월

저자 일동

차례

제1장

중국차 기초지식

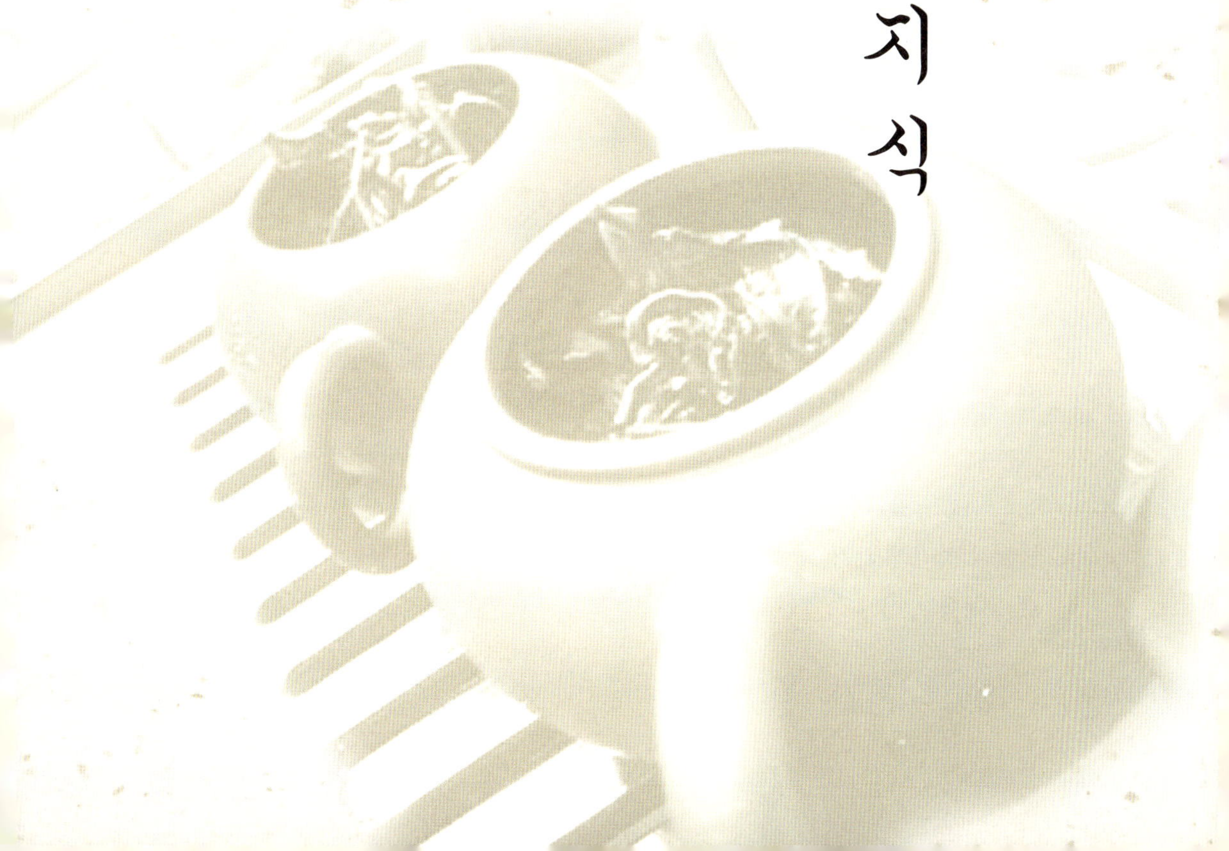

중국차 기초지식

1. 중국차 분류와 제조

1) 차나무의 품종

차나무는 다년생 상록수로 동백나무과에 속한다. 학명은 카멜리아 시넨시스(*Camellia sinensis* L.)이다. 원산지는 중국 서남지역이다. 세계에는 약 380종류의 동백나무과 식물이 존재하지만 그 중에서 260종류가 중국의 운남성·귀주성·사천성 등의 서남지역에 분포되어 있다.

차나무는 크게 교목형·소교목형·관목형으로 나뉜다. 교목은 8m가 넘는 나무를 말하며, 소교목은 6~7m, 관목은 2m이내의 나무를 말한다. 찻잎은 크기에 따라 소엽종·중엽종·대엽종으로 나뉜다. 찻잎의 길이가 7cm 이하를 소엽종, 7~10cm인 것은 중엽종, 10cm 이상인 것은 대엽종이라 한다.

좋은 차를 생산하기 위해서는 품종의 선택이 가장 중요하다. 원칙적으로 어떤 품종이든 녹차·오룡차·홍차 등 여러 제품을 생산할 수 있지만, 품종에 따른 제품상의 차이가 크기 때문에 제품에 따라 적합한 품종을 선택해야 한다. 일반적으로 교목형과 반교목형의 차나무 잎은 홍차를 만들기에 적합하고, 관목형 소엽종은 녹차를, 중엽종은 오룡차를 만들기 적합하다.

관목형 소엽종 차나무

차나무의 재배지역은 위도 상으로 북방 한계 38도까지 이다. 차나무는 상록성으로 내한성이 약하다. 차나무는 온도・채광・물・가스・토양 등의 환경요소의 영향을 받으며 그 중에서 온도의 영향을 가장 크게 받는 것으로 알려져 있다.

'고산출호차高山出好茶'란 말이 있다. 즉 높은 산에서 좋은 차가 난다는 말이다. 고산의 차나무가 좋은 차를 만들어 내는 것은 낮과 밤의 기온차에서 생기는 안개의 습기 때문이다. 이 안개가 찻잎에 좋은 영향을 준다. 차나무가 서서히 성장하게 하여 영양분을 높일 수 있으며, 찻잎에 유해한 자외선을 차단해 주는 효과가 있다. 또 고산의 낮은 기온이 병충해를 이겨낼 수 있는 조건을 만들어 준다.

육우陸羽는 『다경茶經』에서 "상품上品의 차는 자갈밭에서 나며 중품의 차는 모래질 토양에서 나며 하품의 차는 황토에서 난다"고 하였다. 가장 이상적인 토양은 겉흙이 깊고 모래와 조약돌이 섞인 부식토로서 배수가 잘 되면서도 보수력保水力이 강한 토양이다. 산도는 PH5 안팎의 약 산성이 알맞다.

차나무는 아열대성이므로 연평균기온이 12℃에서 18℃사이에서 잘 자란다. 최고 온도는 32℃를 넘지 않아야 하고, 6℃ 이하의 저온에서는 차나무를 인공적으로 보호하여야 한다. 연평균 강우량은 1400~2400mm이어야 하며, 60%이상이 생육기간인 봄・여름에 내리는 것이 좋다.

충분한 일조량을 받고 자란 찻잎은 홍차를 만들기에 적합하지만, 녹차는 일조가 강렬하면 차 잎의 섬유질이 발달하여 프라본(flavone : 황색색소)의 함량이 많아져 쓰고 떫은맛이 늘어난다. 그렇기 때문에 해가림으로 일조량을 조절하여 차 맛을 좌우하는 아미노산의 함량을 늘이는 것이 좋다. 즉, 반양반음半陽半陰인 양지바른 벼랑의 그늘진 숲 속이 좋다.

2) 차의 분류와 명칭

차의 종류는 차나무에서 어린 새싹을 채취하여 가공한 찻잎의 발효정도에 따라서 분류하거나 색상에 따라서 분류한다. 그리고 차를 언제 생산하였는가에 따라 품질과 특성이 달라지므로 생산계절에 따라서 분류하기도 한다. 또한 생산된 차를 재가공한 화차 · 공예차 같은 재가공차도 있다.

(1) 발효정도에 따른 분류

차에 있어서 발효醱酵란 일반적으로 알고 있는 미생물에 의한 발효를 지칭하는 것이 아니다. 찻잎의 발효란 찻잎에 함유된 주성분인 폴리페놀이 폴리페놀옥시데이스란 산화효소에 의해 산화되어, 황색을 나타내는 데아플라빈과 적색을 나타내는 데아루비긴 등으로 변하는 과정을 말한다. 이러한 발효과정을 통해 여러 가지 성분의 복합적인 변화가 일어나서 독특한 향기와 맛, 다양한 찻물의 색 등을 나타내는 작용이 일어난다. 일반적으로 발효의 정도에 따라 4가지로 분류한다.

불발효차(0%~5%) 증기로 쪄서 만든 증제차와 솥에서 덖어서 만든 덖음차가 있다. 녹차는 불발효차이다. 산화효소를 파괴시켜 찻잎의 녹색이 그대로 유지되도록 만든 차이다. 황차도 위조과정이 없다는 점에서 불발효차로 구분한다. 혹자는 이를 후발효차로 분류하기도 한다. 황차에는 군산은침君山銀針, 몽정감로차蒙頂甘露茶 등이 있다.

반발효차(10~65%) 햇볕이나 실내에서 시들리기와 교반을 하여 찻잎의 폴리페놀 성분을 10~65% 발효시켜 만든 차이다. 원래 오룡차는 50~60%가량 발효정도가 높은 차를 일컫지만 지금은 발효정도가 낮은 포종차류包種茶類를 포함해서 모두 오룡차라고 한다. 백호은침 · 백모단 등의 백차와 무이암차 · 철관음차 · 수선 · 동정오룡차 · 문산포종차 등의 오룡차가 있다.

완전발효차(85%이상) 발효정도가 85%이상으로 떫은맛이 강하고 등홍색의 탕색을 나타내는 차이다. 홍차가 이에 속한다.

후발효차 녹차의 제조방법과 같이 효소를 파괴시킨 뒤 찻잎을 퇴적하여 공기 중에 있는 미생물의 번식을 유도해 다시 발효가 일어나게 만든 차를 말한다. 보이차 · 육보차 등의 흑차가 이에 속한다.

<table>
<tr><td>불발효차</td><td colspan="3">녹차 · 황차</td><td>0~5%</td></tr>
<tr><td rowspan="5">발효차</td><td rowspan="3">선발효차</td><td>경발효</td><td>백차</td><td>5~15%</td></tr>
<tr><td>반발효</td><td>청차</td><td>15~70%</td></tr>
<tr><td>완전발효</td><td>홍차</td><td>70~95%</td></tr>
<tr><td rowspan="2">후발효차</td><td colspan="2">황차(불발효차로 분류하는 견해도 있다)</td><td>15~25%</td></tr>
<tr><td colspan="2">흑차</td><td>80~98%</td></tr>
</table>

(2) 색상과 제조과정에 따른 분류

보통 차의 제조공정과 제품의 색상에 따라 백차 · 녹차 · 황차 · 청차 · 홍차 · 흑차 등의 6가지로 분류하여 '중국차 6대 다류' 라고도 한다.

(3) 생산 계절에 따른 분류

언제 채엽하여 제조하였는가에 따라 춘차 · 하차 · 추차 · 동차로 나눈다.

월	절기	명칭
4~5	청명 · 곡우 · 입하	춘차
5~6	소만 · 망종 · 하지 · 소서	하차
7~8	대서 · 입추 · 처서	하차
8~9	백로 · 추분 · 한로	추차
10~11	상강 · 입동	동차
11~12	소설	동차

중국차의 종류는 1000여 종에 이른다. 그러다 보니 차에 대한 명칭도 다양하다. 차의 이름은 차를 채취하는 시기나 방법 · 색깔 · 형태 · 지명 등에 따라 제각기 다르다.

원칙적으로는 제조방법만 다를 뿐 한 종류의 차나무로 각종의 차를 제조할 수 있다. 단 어떤 종류의 차나무는 용정차에 적합하고, 다른 수종의 차나무는 오룡차에 적합한 등 차에 알맞은 차엽의 크기와 특성이 있다. 이 뿐만 아니라 경제성 · 효율성 · 상품성의 측면을 고려하여 합당한 차를 제조한다.

차 이름의 앞부분은 주로 생산지의 지명이나 차가 생산되는 산 이름을 따고, 뒷부분은 찻잎의 형태나 차의 가공 상태에 따라 이름을 정하며, 차의 품종이나 전설에 따라 결정되는 경우도 있다. 또한 차 이름에 수확시기를 부각시키는 경우도 있다. 봄에 수확하여 제조하는 춘차春茶의 경우 명전明前 · 우전雨前 · 우후雨後로 나누어진다.

춘차春茶의 수확시기와 등급

① 명전 : 춘분(3.22~24)부터 청명(4.5) 전까지.

② 우전 : 청명부터 곡우(4.22) 전까지.

③ 우후 : 곡우 후

예) '사봉명전용정차獅峰明前龍井茶'

① 사봉 → 사봉은 사자봉이란 뜻이다. 즉 차생산지를 나타낸다.

② 명전 → 명전은 수확시기를 나타낸다. 명전의 '明'은 청명절(4월 5일)을 가르킨다. 즉 청명절 이전 수확하여 만든 차란 뜻이다.

③ 용정 → 차엽의 명칭이다. 항주 용정 녹차를 가르킨다.

한편 차엽의 명칭 뒤에 '예차禮茶'·'극품極品' 등의 칭호를 붙이기도 한다. 일반적으로는 예차에 비해 극품이 더 높은 등급이다. 이외에도 차엽의 특징을 차이름 뒤에 붙이는 경우도 있다. 예를들면 봉황단총鳳凰單欉이라는 차에 '봉황단총밀란향鳳凰單欉蜜蘭香'이라는 이름을 붙이는데 봉황단총차 중 난향을 강조한 이름이다. 많은 중국차에는 차명과 생산지명 등이 함께 붙어서 이름이 길어진다. 이것을 정확하게 인식하기 위해서는 우선 주체적인 이름 부분을 관찰하고 나머지 부여된 이름을 분석하면 된다.

차의 명명 사례

1. 차 생산지에 따른 명칭 : 용정차(龍井茶)
2. 차 품종에 따른 명칭 : 철관음(鐵觀音)
3. 차의 특성에 따른 명칭 : 암차(岩茶)
4. 차의 탕색에 따른 명칭 : 홍차(紅茶)
5. 차의 전설에 따른 명칭 : 대홍포(大紅袍)
6. 차의 외형에 따른 명칭 : 주차(珠茶)
7. 특정인의 명명에 따른 명칭 : 금훤(金萱)

제다용어의 이해

채엽(采葉) : 찻잎 채취

위조(萎凋) : 찻잎 시들리기

살청(殺青) : 푸른 잎 죽이기. 찻잎에 열을 가하여 산화효소 작용을 중지시켜 발효를 정지시키는 과정

유념(揉捻) : 찻잎 비비기. 차의 성분이 잘 우러나고 모양이 만들어지게 하는 과정.

주청(做青) : 찻잎을 흔들어 발효를 진행시키는 과정.

포유(包揉) : 오룡차의 제다과정 중 찻잎을 둥글게 말아주는 과정.

홍배(烘焙) : 열을 가하여 찻잎의 수분을 건조하는 과정.

민황(悶黃) : 찻잎을 쌓아 두고 방치하여 발효를 일으키게 하는 과정.

악퇴(渥堆) : 젖은 찻잎을 쌓아 두고 발효시키는 과정.

긴압(緊壓) : 압력을 가해 차의 형태를 만드는 과정.

모차(毛茶) : 제조과정에서 초벌로 완성된 차.

3) 중국차의 제조

(1) 녹차 : 채엽 - 살청 - 유념 - 건조

황산모봉

녹차는 찻잎을 따서 바로 증기로 찌거나蒸製茶 솥에서 덖어炒青茶 발효가 되지 않도록 만든 불발효차이다. 녹차는 제조방법에 따라 초청녹차炒青綠茶, 쇄청녹차晒青綠茶, 홍청녹차烘青綠茶, 증청녹차蒸青綠茶로 분류한다.

쇄청녹차는 신선한 찻잎을 따서 살청한 후 유념하여 햇볕에 쬐어 말린 녹차를 통틀어 말한다. 쇄청녹차는 일부분은 음용을 위한 산차散茶로, 일부는 긴압하여 보이차를 만드는 원료가 된다.

벽라춘

초청녹차는 가공방법과 원료에 따라 모양이 가늘고 긴 장초청長炒青과 살청 · 유념한 후 솥에서 덖으면서 형태를 만드는데 그 외형이 단단하고 동그스름한 원초청圓炒青, 찻잎 모양이 납작납작한 편초청扁炒青과 가늘고 연한 싹만을 가려 따서 만든 세눈초청細嫩炒青이 있다.

홍청녹차는 찻잎을 불에 말려서 다시 채반에 말린 것을 말하는데, 그 외형이 초청녹차처럼 매끄럽거나 단단하지는 못한 편이지만 줄기가 튼튼하고 하얀 백호가 드러나 있다. 찻잎 원료에 따라 일반적으로 화차를 만들때는 홍청녹차가 사용되고 고급녹차는 세눈홍청이 사용된다.

녹차는 찻잎을 따서 바로 살청하기 때문에 발효가 거의 없지만, 실내위조를 통해 가볍게 발효시키기도 한다. 탕색이 맑고 찻잎이 녹색을 띤다. 중국 차 생산량의 60% 이상을 차지하여 가장 많이 소비되는 차이다. 녹차는 찻잎에 포함되어 있는 성분을 최대한 그대로 함유하고 있다.

벽라춘 · 서호용정 · 황산모봉 등이 있다.

(2) 백차 : 채엽 - 위조 - 건조

백차는 위조와 건조 두가지만으로 제조한다. 솜털이 덮인 차의 어린 싹을 살청이나 유념을 하지 않고 그대로 건조시켜 만들기 때문에 찻잎은 은색의 광택을 띠며 향기가 맑고 맛이 산뜻하다. 백차는 외형이 백호白毫가 많아서 하얗게 보이므로 백차로 불린다. 탕색은 연한 살구색을 띤다. 주로 복건성에서 소량생산 되고 있다. 백차는 차싹이 크고 솜털이 많은 품종을 선택하여 24절기 중 청명淸明 전후에 제조한다. 특별한 가공과정을 거치지 않고 그대로 건조시키면서 약간의 발효만 일어나도록 하기 때문에 제조과정이 비교적 간단하다. 또한 찻잎의 효소의 활성을 파괴하지 않으면서 산화작용을 억제하기 때문에 향이 상쾌하고 깔끔한 맛을 낸다.

잎이 펴지기 전의 어린잎으로 만든 아차芽茶로는 백호은침이 있으며, 펴진 찻잎으로 제조한 엽차로는 백모단 · 수미 · 공미 등이 있다.

(3) 청차 : 채엽 - 위조 - 주청 - 살청 - 유념 - 건조

청차는 일반적으로 오룡차라고 불린다. 녹차 제조법과 홍차 제조법을 두루 이용한 반발효차로 녹차의 산뜻한 향과 홍차의 풍미를 갖추고 있다. 발효정도는 15%의 경발효차부터 70%에 이르는 중발효차까지 그 종류가 매우 다양하다.

신선한 찻잎을 햇볕에서 시들린 뒤 통풍이 잘 되는 곳이나 그늘에 놓아두었다가 온도와 습도를 알맞게 조절한 후, 넓고 큰 대바구니에 담아 반복해서 여러 번 흔들어 준다. 이 과정에서 찻잎의 가장자리가 황색이나 붉은 색을 띠게 되는데, 이것이 곧 부분 발효가 된 것이다. 고온의 솥에서 덖어준 후 유념하고 말리면 청차, 즉 오룡차가 완성된다.

생산지에 따라 민북오룡閩北烏龍·민남오룡閩南烏龍·광동오룡廣東烏龍·대만오룡臺灣烏龍으로 구분되며 수백 종에 이른다. 오룡차는 중국 복건성에서 생산되는 무이산의 암차가 그 원류이다. 대만의 오룡차도 이 복건성의 오룡차가 건너간 것이다. 복건성 무이산은 산세에 변화가 많아 무이산 36봉 72암이라고도 한다. 해발 700여미터에 붉은색 사암으로 된 토양은 차나무가 성장하기 적합하여 차나무가 무성하다. 여기에서 나오는 암차에는 육계·수선·오룡·철라한·대홍포·기란·매점 등이 있다. 무이암차의 찻잎을 따는 기준은 녹차와는 다르다. 녹차는 어린 찻잎을 따지만, 무이암차는 다 펼쳐진 찻잎을 딴다. 찻잎을 너무 일찍 따면 무이암차의 독특한 향기와 맛을 낼 수 없기 때문이다.

봉황단종

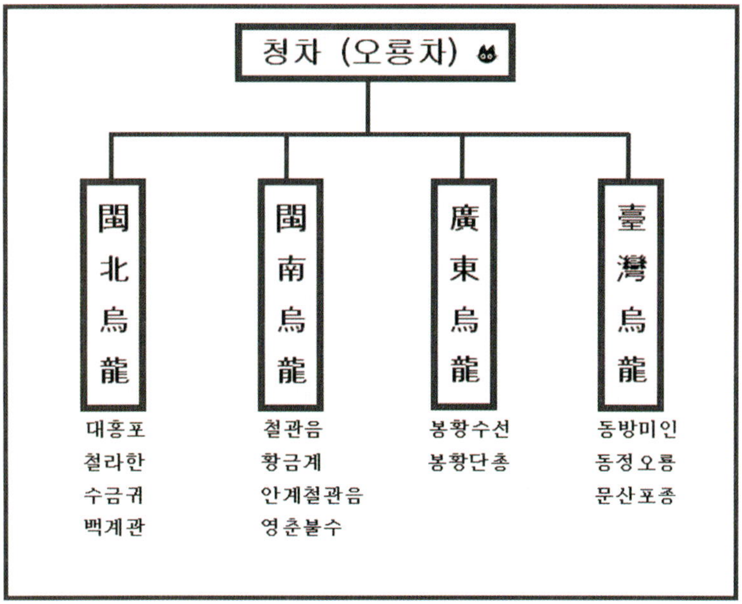

찻잎을 시들리는 과정인 위조는 실내위조와 실외위조로 나뉘는데, 우선 실외위조한 후 실내로 들여와 중간에 살짝 뒤집어 주는 과정을 거친다. 주청은 발효를 진행시키는 과정으로 찻잎을 가볍게 흔들어 주어 찻잎끼리 부딪히면서 자연스럽게 발효가 이루어지며 여기에서 생긴 마찰열을 식혀주는 과정이다. 유념 후 차를 둥글게 말아주는 작업을 반복하면서 차의 모양을 만든다.

청대 육정찬陸廷燦의 『속다경續茶經』에 다음과 같은 제다 기록이 있다.

> 무이차는 .... 찻잎을 채취하여 대나무로 만든 발이나 넓은 광주리에 균일하게 고루 펼쳐 놓고 통풍이 잘 되는 곳에서 햇볕을 받게한다. 찻잎의 색이 점점 푸르러진 후 다시 덖어서 불에 말린다. 양선개편(陽羨介片)은 김을 쏘일뿐 덖지 않으며 불에 말려 만든다. 송라(松蘿)와 용정은 덖고 불에 말리지 않으므로 그 색이 깨끗하다. 무이차는 덖고 불에 말리는 것을 겸하는데, 끓여낸 후의 찻잎은 반은 푸르고 반은 붉다. 푸른색은 덖는 과정에서 생긴 것이며 붉은 색은 불에 말려서 만들어진 색이다. 찻잎을 따서 펼쳐놓고 펼쳐 놓았던 것을 다시 모아 흔들어 준다. 흔들어 주는 과정에서 차의 향이 깊어지면 다시 덖어 준다. 덖고 불에 쬐어 말리는 것을 반복하면서 그 속에 있는 쇠한 찻잎이나 줄기・꼭지는 버리고 한 가지 색이 되게 한다.

(4) 황차 : 채엽 – 살청 – 유념 – 민황 – 건조

유념 후 민황悶黃 또는 민퇴悶堆라고 불리는 제다 과정을 거치는 것이 특징이다. 민황이란 찻잎을 쌓아 두고 방치하는 과정을 말한다. 살청이나 유념 과정을 거치고 나면 찻잎 자체의 온도가 높아지는데, 이 찻잎을 방치하여 두면 내부 온도에 의해 색이 누렇게 변하면서 자연스럽게 발효된다.

황차에는 신선한 찻잎을 고온에서 살청한 후 유념을 하기도 하고 유념을 하지 않는 차도 있다. 유념 후에 찻잎을 오랫동안 퇴적해 두면 잎이 노랗게 변하게 된다. 이것을 덖고 쌓아둔 후 불에 말려주게 된다.

황차는 녹차와 오룡차의 중간에 해당되는 차로서 차엽 중의 엽록소가 파괴되어 변색되었기 때문에 붙여진 이름이다. 이러한 과정을 통해 쓰고 떫은맛을 내는 카테킨 성분이 감소되므로 차의 맛이 순하고 부드러워진다. 또한 당류 성분과 단백질의 분해로 단맛이 증가되며 고유의 풍미를 형성하게 된다. 군산은침君山銀針 · 몽정감로차蒙頂甘露茶 등이 있다.

(5) 홍차 : 채엽 – 위조 – 유념 – 발효 – 건조

홍차는 발효정도가 85% 이상으로 떫은맛이 강하고 등홍색의 탕색을 나타내는 차이다. 살청을 하지 않고 위조와 유념을 한 후, 바구니에 찻잎을 쌓아 두고 방치하면서 찻잎 내부의 수분과 온도로 발효시킨다. 완전발효차에 해당하며 탕색은 붉은색을 띠고 찻잎은 검은색에 가깝다.

홍차 제조과정에서의 위조는 신선한 찻잎을 고르게 펼쳐 놓아 찻잎의 수분을 적당히 없애 주고, 찻잎 속의 효소를 활성화 시키는 과정이다. 유념은 찻잎의 세포 조직을 파괴시켜 폴리페놀이 반응하여 발효가 충분히 이루어지도록 하는 과정이다. 발효는 폴리페놀류에 속하는 여러 성분이 산화되는 과정으로, 녹색의 찻잎이 홍색으로 변하여 녹차의 성격과 전혀 다른 홍차가 만들어진다.

공부홍차

운남홍차

홍차는 중국뿐만 아니라 인도에서도 많이 생산되며 유럽에서 더 인기가 높다. 중국 3대 홍차로는 기문홍차祁門紅茶 · 정산소종正山小種 · 운남홍차雲南紅茶가 있다. '아주

정성들여 만들었다'는 의미에서 기문홍차를 '공부홍차工夫紅茶'라고도 한다. 정산소종을 비롯한 소종홍차는 마지막 건조 시 소나무 장작 연기를 쐬어 독특한 향이 배어들게 하는 것이 특징이다. 정산소종은 복건성의 특산품으로 16세기 무이산 일대에서 처음으로 만들어진 홍차이다.

홍차는 세계 전체 차 소비량의 75%을 차지하며 세계 3대 홍차로는 인도의 다즐링·중국의 기문·스리랑카의 우바 홍차를 꼽는다.

(6) 흑차 : 채엽 - 살청 - 유념 - 건조 - 악퇴 - 긴압 - 건조

중국의 운남성·사천성·광서성 등지에서 생산되는 후발효차로서 대엽종 찻잎으로 만든 쇄청녹차를 두텁게 쌓아 두고 이를 악퇴하여 미생물에 의한 발효로 만들어진 차이다. 찻잎을 오랜시간 발효시키면 검은색으로 변색되므로 흑차라 부른다. 찻잎은 흑갈색이고 탕색은 갈황색이나 갈홍색을 띠며 독특한 향을 가진다. 떫은맛이 거의 없으며 생산량이 급속도로 늘어나는 추세이다. 산차散茶와 긴압차緊壓茶로 나뉘며 긴압차는 여러 가지 모양으로 생산된다.

흑차의 원료는 일반적으로 비교적 거칠고 쇠한 찻잎을 사용한다. 보이차 중에서도 악퇴과정을 거치지 않고 긴압된 차를 청병靑餠 혹은 생차라고 표현한다. 청병 보이차는 오랜 기간을 거쳐서 자연숙성되어야 고유의 맛을 낼 수 있다. 주로 보이현普洱縣을 중심으로 유통되었으므로 보이차로 불린다. 저장기간이 길수록 가치가 높아진다.

(7) 화차 : 채엽 - 위조 - 건조 - 소배 - 성형 - 음화 - 건조

화차는 주로 홍청녹차나 오룡차에 꽃이나 꽃향을 배어들게 한 재가공차이다. 찻잎에 꽃향기를 넣어서 만드는 화차는 6대 다류에 속하지 않지만 보편적으로 애용되고 있으며, 특히 북경을 중심으로 한 북방지역에서는 화차를 일상적으로 마신다. 만드는 과정은 홍청한 녹차와 향이 좋은 꽃을 함께 저장하여 꽃향기를 잘 흡수하도록 충분히 건조시킨 다음, 찻잎과 꽃을 번갈아 층층이 쌓아둔다. 6시간 정도 지난 다음 서로 뒤집어서 혼합하고 다시 6시간 정도 그대로 놓아둔 뒤 건조시켜 찻잎에 흡수된 수분을 제거한다. 보통 2~5회에 걸쳐 작업하는데, 고급차 일수록 여러 번 반복하여 만든다. 화차는 화花는 객客이고 차茶가 주主로서, '70% 찻잎에 30% 꽃'의 원칙하에 만들어진다.

본래 화차의 의미는 찻잎에 꽃향을 입힌 차만을 이르지만, 오늘날에는 찻잎이 들어가지 않은 꽃을 말린 차도 화차로 부른다. 쟈스민차라고 불리는 말리화차 · 계화차 · 장미차가 대표적이다.

〈중국차 통합 분류표〉

<table>
<tr><td>1</td><td>발효정도</td><td colspan="3">5%</td><td colspan="5">10%~80%</td><td colspan="2">90%</td></tr>
<tr><td>2</td><td>발효분류</td><td colspan="2">불발효차</td><td>후발효차</td><td colspan="5">부분발효</td><td colspan="2">전발효차</td></tr>
<tr><td>3</td><td>색</td><td colspan="10">녹색 금황색 귤홍색 홍색 →</td></tr>
<tr><td>4</td><td>향</td><td colspan="10">풀향 꽃향 과일향 꿀향 →</td></tr>
<tr><td>5</td><td>미</td><td colspan="10">자연 인공 →</td></tr>
<tr><td>6</td><td>차이름(예)</td><td>용정</td><td>군산은침</td><td>칠자병차</td><td>백호은침</td><td>문산포종</td><td>동정오룡</td><td>안계철관음</td><td>무이암차</td><td>백호오룡</td><td>홍차</td></tr>
<tr><td>7</td><td>6대분류</td><td>녹차</td><td>황차</td><td>흑차</td><td>백차</td><td colspan="5">청 차</td><td>홍차</td></tr>
<tr><td>8</td><td>4대분류</td><td colspan="2">녹차</td><td>보이차</td><td colspan="6">오룡차</td><td>홍차</td></tr>
</table>

4) 중국차의 안전관리

(1) 잔류농약 문제

차의 본고장인 중국에서 문화대혁명으로 인해 기호품인 차문화가 쇠퇴하였다. 그 영향으로 중국 본토에서 중국차문화의 붐이 일어나고 있는 것은 최근의 일이다. 중국 정부에서 국가 정책으로 차를 육성한 것은 불과 20년 전이다. 1980년대에 와서야 농업정책의 일환으로 차를 부흥시켜 생산량이 급격히 증가했다. 생산량의 증가에 정책의 핵심을 두면서 '농약'이 비상식적으로 이용되는 결과가 일어났다. 당시에는 통일적인 농약사용지침이 없었다.

생산량이 늘고 수출량이 증가되면서 중국산 녹차의 잔류농약문제가 제기되었다. 2000년대 초 유럽과 일본에서, 중국으로부터 수입되는 차엽에 대해 엄격한 잔류농약검사기준을 도입하였고, 이에 따라 많은 중국산 차류가 불합격 판정으로 폐기처분되는 사건이 발생하게 되었다. 뿐만 아니라 크롬·아연·공업용 착색제가 발견된 벽라춘이 발견되기도 했다. 따라서 유럽연합(EU)에서는 190항목의 농약검사표준을 설정하여 검사를 강화하였다.

따라서 중국에서는 식품안전에 대한 규격을 설립하게 되었고, 국영농원 뿐 아니라 민간기업도 인가를 받도록 하고 있다. 현재는 '무공해식품'·'녹색식품'·'유기식품' 세 가지 규격으로 분류하여 식품의 안전 정책을 강화하고 있다.

(2) 안전식품의 종류

무공해 식품 무공해 식품은 농산물에 대한 기본적인 기준으로서 정부에서 의무화 하고 있는 최소한의 규격이다. 국내 유통 상품은 무공해 식품으로 인증되지 않으면 유통할 수 없게 하고 있다. 인증기관은 '중국농업성'이고, 실제 인가는 '성·직할시농업청'이 하고 있다. 검사와 잔류측정이 동시에 진행되고 있는데, 농약잔류가 기준이하여야 한다. 단, 생산과정에서 한정적으로 화학합성물을 사용하는 것은 인정되고 있다. 갱신기간이 설정되지 않는 것이 문제시 되고 있다.

绿色食品
GreenFood
证 书
经中国绿色食品发展中心审核，该产品符合绿色食品A级标准，被认定为绿色食品A级产品，许可使用绿色食品标志，特颁此证。
产品名称：五台山牌 荆条蜜
标志编号：LB-35-0707041717A
生 产 商：忻州市五台山蜂业开发中心
批准产量：20 吨
许可期限：2007年07月至2010年07月

녹색식품(Green Food) 생산과정에서 규정 내의 농약 함유량 뿐 아니라 유전자 조작 기술을 일체 사용하지 않고 생산한 '안전·우량한 품질, 건강에 좋은 식품'을 녹색식품이라고 한다. 인증기관은 중국농업성·중국녹색식품센터이다. 3년마다 갱신이 필요하며

부정기적으로 검사를 실행한다. 인정된 기업과 공장만이 '녹색식품' 인정 증명을 표시할 수 있다.

인정기준은 우량한 생태환경(지질 · 공기 · 수분 · 녹색식품 생산지표에 부합할 것)에서 생산될 것 · 생산과정이 녹색식품생산기술표준(생산 중 사용하는 투입품 · 농약 · 비료 · 식품첨가제 등의 생산기술표준 지표)과 부합할 것. 지정된 검사기구의 검사에 합격할 것 등이다.

녹색식품은 'AA'급(백지엔 녹색마크)와 'A'급(녹색바탕에 백색마크) 두 가지로 분류된다. 'AA'급이 가장 엄격한 기준에 의한 생산품이다.

유기식품有機食品 유기식품이란 3년 이상의 생산과정에서 화학합성농약 · 화학비료 및 화학합성 토양 개량재를 사용하지 않고, 퇴비 등에 의해 토양을 조성한 곳에서 생산되는 농산물에 대해 인증한 식품이다. 원료가 오염되지 않고, 종자도 유전자 조작 기술을 사용하지 않았으며 가공과정에서 합성방부제 · 식품첨가물 · 인공색소를 사용하지 않아야 한다.

중국농업성 · 중국농업과학원 다엽연구소 소속의 유기차 센터가 인증기관이다. 1년마다 갱신하게 되어있다. 국제규격을 참고하여 도입되었으므로 주로 EU로 수출되는 수출품의 기준으로 사용하고 있다. 전에는 유기식품의 정식 규정이 없었으므로 부적절한 표시가 많았으나, 현재는 국제기관이 엄격한 규정을 설치하여 관리하므로 공장마다 생산자 인증을 하고, 인증을 받은 생산자가 생산하는 것에만 '유기'라는 표시를 할 수 있다.

(3) 대만의 생태유기차

대만에서는 농약과 석화산품石化産品 등을 사용하지 않고, 밭에서 병충해를 통제하며, 화학비료와 제초제를 하용하지 않으며, 토양과 수자원에서 중금속 오염이 없는 것을 유기재배라고 한다.

환경을 보존하고 안전한 생태유기차를 생산하기 위해서는 다음과 같은 원칙이 있다.

첫째, 옛 조상들의 지혜를 본받아 천연의 무오염 유기 재료인 콩깍지·땅콩 껍질·벼 껍질 등을 퇴비로 사용한다.

둘째, 발효되지 않은 고오염 물질인 동물의 분뇨와 오줌·비료 등을 사용하지 않아 유기 오염을 피하게 한다.

셋째, 생선의 알이나 뼈 등 동물성 고단백 재료로 만든 액비를 사용하지 않아 니트로아민 아초안 등 발암 물질로 의심되는 질소 화합물이 잎에 쌓이지 않게 한다.

넷째, 순수한 천연 품종으로 다른 것을 섞지 않는다.

이처럼 유기재배 다원의 수원과 토양은 반드시 샘플 시험을 거쳐야 하고, 중금속의 오염이 없어야 한다. 농정단위에서 불시에 사람을 파견하여 다원을 실제로 검사하고 지도하여야 한다. 차엽과 차청은 반드시 독극물 시험을 통과하여야 하고 농약 잔류 성분이 완전히 검출되지 않아야 합격증서와 유기농산품 증명표시를 받을 수 있다.

관리 방법 건강한 환경을 만들어 천적이 생기게 하여 자연 순환의 고리를 만든다. 풀밭에서 재배한다. 천적과 같은 곤충으로 작물피해를 줄이며 식물의 남은 부분을 다시 자연으로 돌려준다. 그리고 식물의 특성을 이용하여 천연구충제를 만들어 환경을 보존하고 식물을 안전하게 한다.

우리나라 식약청에서는 건조된 찻잎이 수입될 때 두 가지의 검사를 거친다. 기본적으로 모든 찻잎에 대해서는 다음과 같은 규격 기준을 만족해야 한다.

(1) 성상(性狀) : 고유의 색과 향미를 가지고 이미(異味) · 이취(異臭)가 없어야 한다.

(2) 수분(%) : 10.0이하여야 한다.

(3) 타르색소 : 검출되어서는 안된다.

(4) 납(mg/kg) : 5.0이하여야 한다.

그리고 수입된 적이 없는 제품, 이미 검사하였더라도 재검의 필요성이 있는 품목, 수입량이 크게 달라진 품목(10kg 기준) 등에 대해서 23개 항목의 잔류농약을 검사한다.

유기차의 특징 유기차는 생산비용이 높으므로 높은 가격으로 유통된다. 찻잎은 섬유질이 치밀하여 비교적 작으며 단맛이 우수하고 영양이 풍부하다. 유기차는 무엇보다도 안전을 신뢰할 수 있다. 비록 병충해를 입지만 영양에는 손실이 없으며, 오랫동안 유기비료를 사용하여 식물에 질소화합물이 넘치는 것을 막을 수 있으므로 건강상의 문제를 걱정하지 않아도 된다.

또한 화학물질을 사용하지 않아 환경오염을 피할 수 있고, 유기농업에 관한 민간단체가 증명하는 표시나 '대만 행정원 농업위원회' 인증표시가 있으므로 선택시 분명한 기준을 가질 수 있다.

2. 중국차의 기원과 전파

1) 차의 기원

신농도

최초로 다서茶書를 지은 당나라 육우陸羽는 『다경茶經』에서 "차를 마시게 된 것은 신농씨神農氏에게서 비롯되었다."고 하였다. 충분한 과학적 근거는 부족하지만, 중국에서는 중국차의 시원을 삼황오제 시대로 소급시키고 있다. 중국인들은 스스로를 '염황자손炎黃子孫'이라고 하는데, 이는 한민족漢民族, 즉 일반적으로 중국인 전체를 가리킨다. 그 중에 '염炎'은 염제 신농씨를 가리키며, 신농씨는 백성들에게 경작법과 불의 사용법을 가르친 농업의 신이자 의약의 신이다. 신농은 각종 풀의 효능을 알아보기 위해 온갖 풀을 맛보았다고 알려져 있다. 하루는 일종의 푸른 잎을 맛보고 기이하게도 배속의 위

아래가 모두 세척한 것처럼 깨끗해졌는데 이것이 바로 찻잎이었다고 전해진다. 또 다른 전설에 의하면, 산과 들의 수많은 풀을 맛보다가 독초에 중독된 신농씨가 약초를 찾아 헤매다가 생사의 갈림길에서 어떤 이름 모를 풀로 깨끗이 해독되었는데, 그 풀이 바로 찻잎이었다고 한다.

신농이 풀을 맛보았다는 이야기는 중국 최초의 약학 저서인『신농본초경神農本草經』에 기록되어 있다. 각종 초목과 광물질을 상약上藥·중약中藥·하약下藥으로 분류하고 설명한 이 책은 작자는 알 수 없으나, 동한東漢 시기에 지어졌다. 신농씨가 약초를 채취하던 곳은 사천성 북부와 섬서성 남부 및 호북성 서부에 걸쳐 있는 대파산大巴山 으로 전해진다.

현재 중국은 호북성 서북부 지역을 '신농가神農架'라고 지정하고 보호지역으로 보존하고 있으며, 신농은 '염제릉炎帝陵'에 모셔져 있다. 이 무덤은 차를 발견한 그를 기려 '다릉茶陵'이라고도 하는데, 현재 호남성 다릉현茶陵縣에 있다.

2) 차의 원산지

차나무는 북위 38도와 남위 30도 사이의 광범위한 지역에서 재배되고 있다. 연평균 기온은 14~16도가 적합하며 최고 기온이 섭씨 40도를 넘어서면 고온장해가 발생한다. 현재 차나무의 북방 한계선은 소련의 크라노스다르이며, 남방한계선은 아프리카 남단과 아르헨티나로 해양성 기후에서 잘 자란다.

중국 동남쪽의 각 성, 특히 운남雲南과 귀주貴州 지역에서는 19세기 말 이후로 야생 차나무가 지속적으로 발견되고 있는데, 그 중 1961년 운남의 맹해현勐海縣 파

달巴達의 대흑산大黑山 산림에서 발견된 높이 32.1m, 둘레 2.9m의 대형 야생 차나무는 수령이 약 1,700년이나 된다. 이 외에도 중국의 사천·광서·광동廣東·호남湖南 등지에서는 높이 10m 이상이나 되는 야생 대형 차나무가 발견되었다.

이와 같은 야생 차나무가 발견된 곳이 바로 차나무의 발원지라고 할 수는 없으나, 중국에서는 차나무의 기원과 자연적 분포 상태로부터 지질의 변천 및 이로 인해 발생된 품종의 변이에 대한 식물학자들의 연구를 통해 중국 서남 지역이 차나무 원산지라고 논증했다.

차의 원산지에 대한 학자들의 의견은 매우 분분하다. 어떤 이는 인도가 원산지라고 주장하기도 하나, 어떤 이는 인도와 중국의 운남 및 태국·인도네시아 등을 포괄하는 동남아 지역이 차의 원산지라고 주장하기도 한다.

한대에 지어진 『신농본초경』에도 "차는 익주(益州 : 천성에 위치하며, 운남의 大理지역 포함)에서 나는데, 3월 3일에 채취한다."고 한 것으로 보아, 중국에서도 이미 한대부터 사천과 운남을 차의 고향으로 인식하고 있었음을 알 수 있다.

이와 같이 차의 기원에 관해서는 일찍부터 문헌기록으로 보존되어 왔으나, 오랜 동안에 걸쳐 역사학자들의 쟁론을 거치고, 식물학자들의 고증을 통해서 차는 중국이 원산지이며, 특히 중국의 서남지역 즉 운남·귀주·사천 지방이 차나무 원산지의 중심이라고 밝혀졌다. 차는 이후 오랜 세월에 걸쳐 중국의 서남지역에서 중원을 거쳐 중국 전역으로 그리고 국외로 전파되었다.

3) 차의 표기

고대 문헌 자료 중에는 차의 명칭에 관한 표현이 아주 많다. 기원전 2세기에 서한의 사마상여司馬相如가 지은 『범장편凡將篇』 중의 '천타荈詫', 서한 말년 양웅揚雄의 『방언方言』중의 '설蔎', 한대 『신농본초경』 중의 '도초荼草' 등을 비롯하여 이 외에도 여러 가지 글자가 있었으나, 모두 차의 다른 이름으로 알려져 있다.

이아(爾雅)

『다경』에서는 "그 이름은 차茶라고도 하고, 가檟라고도 하며, 설蔎이라고도 하고, 명茗이라고도 하며, 천荈이라고도 한다."고 했다. 이와 같이 육우가 『다경』을 짓기 이전에 차를 가리키는 명칭은 10여 종에 이르렀다. 그러나 중국 다학 역사상, 일반적으로 당대 중기 즉 서기 8세기 이전에는 '차茶'자는 '도荼'자로 표기되었으며, 'tú'로 읽은 것으로 알려져 있다.

'도荼'자는 처음 『시경詩經』중 「곡풍谷風」과 「칠월七月」편에 보인다. 그러나 이 글자가 당시 '차茶'를 가리킨 것인지 아니면 '고채苦菜' 즉 씀바귀를 가리킨 것인지에 대해서는 의견이 분분하다.

하지만 '도荼'자가 명확하게 '차'자의 의미로 쓰인 것은 기원전 2세기에 쓰인 중국 최초의 자전인 『이아爾雅』에서다. 그 책 가운데 "가檟는 고도苦荼다."고 했다. 동진 시기 곽박郭璞은 『이아주爾雅注』에서 "이것이 바로 오늘날의 차나무로 그 나무는 작아서 치자와 비슷하고 겨울에도 잎이 파랗고 삶아서 국으로 끓여 마시는데, 일찍 채취한 것은 도荼라고 하고, 늦게 채취한 것은 차茶라고 한다"고 했다. 동한의 허신許愼도 『설문해자說文解字』에 "도荼는 즉 씀바귀를 가리킨다."고 한 것에 대해, 북송시기 서현徐鉉은 같은 책의 주석에 "이것은 지금의 차茶자이다."고 했다.

그런데 차문화가 발전하게 되자, 차를 가리키는 '도荼'자의 사용이 갈수록 빈번해지면서 여러 가지 의미를 가진 이 글자와 차를 뜻하는 글자와의 구별이 필요해졌을 것이다. 이러한 구별을 시도하는 가운데 '차茶'자가 등장했을 것으로 짐작할 수 있다. 육우는 『다경』을 지으면서 '도荼'자에서 한 획은 뺀 '차茶'자를 사용하였다. 그리고 그는 이 글자가 당 현종玄宗이 서문을 지어 간행한 『개원문자음의開元文字音義』에서 온 것이라고 명확하게 밝혔다. '차茶'자가 처음 출현한 것으로 언급한 이 책은 소실되어 전하지 않지만, 육우는 『다경주茶經注』에서 '차茶'자의 출전으로 이를 언급하였고, 그는 『다경』을 저술하며 일률적으로 '차茶'자를 사용했다.

하지만 육우 당시 차를 지칭하는 두 글자는 혼용의 시기를 거쳤을 것으로 짐작할 수 있다. '차茶'자는 중당 이후에 음다의 풍습이 널리 보급되면서 점차로 차를 지칭하는 글자의 자형字形과 자음字音과 자의字意가 정형화되었고, 사람들에게도 보편적으로 받아들여지면서 오늘에까지 보편적으로 사용되기에 이르렀다.

'차茶'자는 이와 같이 본래는 차나무를 가리키던 말이었으나, 후대에 와서는 차나무의 어린 순을 따서 만들어 마시는 차를 가리키는 말로 사용되었고, 점차로 차나무를 재료로 해서 만든 음료수의 일종은 모두 '차茶'자로 표기하게 되었다.

4) 차의 전파

(1) 차의 국내 전파

중국에서는 언제부터 어떤 사람들이 먼저 차를 마시기 시작하였을까. 차의 원산지를 짐작하게 하는 차나무의 고목은 중국의 남방 지역에서 발견되었으니 남방 지역 사람들이 처음 차를 마셨을까. 그러나 중국의 상고시기 경제와 정치와 문화의 중심은 황하 유역이었다. 따라서 한나라 이전의 드넓은 남방 지역은 비교적 낙후한 지역이였고, 중국의 고대 문헌 중에는 남방 지역에 관해 언급한 내용이 매우 드물다.

차를 처음 발견한 것은 전설상의 신농씨라고 하나, 음다飮茶에 관한 문헌상의 기록은 서한 말기 왕포王褒의 『동약僮約』에 비로소 처음 등장한다. 노비의 규약을 기록한 『동약』에는 어린 노복이 해야 할 일을 기록하였는데, 그 가운데 차를 끓이고 다구를 관리할 것과 무양(武陽 : 지금의 사천 팽산현彭山縣)에 가서 차를 팔 것을 규정한 내용이 보인다. 이는 당시 이미 음다가 상당히 성행했을 뿐 아니라, 전용 다구가 있었음을 나타내며, 동시에 당시 도시에서 차가 이미 상품화 되어 차의 소비와 상품 거래가 이루어지고 있었으며, 그러한 거래가 이루어지는 시장이 형성되어 있었음을 반영한다.

차는 이와 같이 중원보다는 사천 지역에서 일찍부터 발달하였다. 따라서 중국의 음다 풍속의 기원에 관하여 처음 시작된 시기나 지역에 대한 여러 가지 견해가 있으나, 일반적으로 사천은 중국 다업과 차문화의 요람으로 간주된다.

혹자는 『신농본초경』에는 "차는 익주에서 난다."고 하였으니 한편으로 찻잎은 운남에서도 중원으로 직접 유입되었을 것이다라고 주장한다.

선진 시기에 중국차의 생산과 음용이 주로 사천지역을 중심으로 이루어졌지만, 진秦과 한漢이 전국을 통일한 이후에, 다업은 사천지역과 다른 지역과의 경제・문화 교류의 증가로 차는 중국의 동부와 남부로 점차 전파되기 시작했다. 예를 들면 『한서漢書』 「지리지地理志」에 보이는 '다릉茶陵'은 당 이전에는 '도릉荼陵'이라고 불렀는데, 호남과 호남성 인근의 강서와 광동 지역의 경계에 인접해 있다. 이는 서한 시기의 기록으로 차나무가 이미 사천성에서 장강 중류 지역 일대까지 전파되었음을 반영한다. 이는 진한의 통일이후, 차의 음용과 생산이 이 인근지역으로 까지 전해졌음을 나타낸다.

한나라 이후, 위진 시기를 거치며, 사천지역의 다업과 차문화는 전국으로 전파되었다. 특히 낙양洛陽을 도읍으로 삼은 서진西晉 시기에는 정치와 경제의 중심이 북방에 집중되어 있어 차의 음용이 북방의 귀족에게로 확대되었으나, 남쪽으로 천도한 동진東晋과 남조 시기에는 남방이 정치의 중심이 되면서 차문화는 동남 지역으로 이동하였다. 중국 서남부 지역의 찻잎과 차의 종자는 중국 제일의 큰 강인 양자강을 따라 중・하류의 각 지역에 전파되었고 차를 마시는 풍습 역시 이 일대를 따라 점점 유행되었다. 이후 지리적으로 유리한 조건을 지닌, 양자강 중하류의 호북湖北・호남湖南 지역은 중국 차문화상의 주요 도시로 부상하기 시작하였다.

교통이 불편했던 시기에 장강과 종횡으로 연결되는 장강의 지류는, 이와 같이 차와 차의 종자 및 음다 풍속이 전파될 수 있었던 중요한 차의 전파 경로였다. 한편 차는 다양한 육상 통로를 통해서 중원으로 유입되었다. 사천과 중원 지역을 연결하는 잔도棧道, 즉 가파른 절벽 위에 구멍을 뚫어 받침대를 세운 뒤 그 위에 널빤지를 놓아 만든 도로를 통해서 차는 중원으로 유입되었다.

특히 대당제국의 건립으로 수백 년간의 분열 상태가 종식되면서 남북문화가 광범위하게 융합되는 가운데 차를 마시는 풍습도 전국에 보편화되었으며, 찻잎의 전파 역시 광범위해졌다. 당 중엽은 특히 중국의 다업이 크게 발전한 시기다. 당 중기부터 남방 지역 사람들이 좋아하는 음료 중의 하나였던 차는 남방에서 중원 지역으로 전파되고, 중원에서 변경의 소수민족 지역으로 전파되었다.

당대 봉연封演의 『봉씨견문기封氏見聞記』 권6에 다음과 같은 기록이 있다.

> 남쪽 사람들은 자주 차를 마셨지만, 북쪽 사람들은 처음에는 차를 마시는 사람이 그다지 많지 않았다. 개원 중기에 이르러 …… 산동 지역과 하북 지역으로부터 점점 수도 근교로 전파되었고, 도시에선 많은 점포(찻집)을 열어 차를 끓여 팔았다. 도인과 속인을 막론하고 돈을 주고 마셨다. …… 옛 사람들도 차를 마셨지만, 지금과 같이 심하지는 않았다. 새벽부터 밤중까지 마시는 가운데 마침내 일반적인 풍습이 형성되었다. 차를 마시는 풍습이 중앙에서 유행하였기 때문에 변방지역까지 전파되었다.

이로 보아 당은 건국과 함께 정국이 안정(618년)되었고, 현종玄宗 개원(開元, 713~744) 시기에 이르러 음다 풍속이 이미 크게 대중화되었음을 알 수 있다. 차는 운남・사천에서 양자강 주변 강남까지 퍼지고 중국 전 지역으로 보급되었다. 또 우유를 마시던 중국 북방의 선비족에게는 물론, 나아가 동쪽으로는 한국과 일본으로 전해졌고, 서쪽으로는 위구르와 돌궐 상인에 의해 아랍으로 전해졌다.

한편 당 이전에는 문헌 가운데 차에 관한 기록이 보이기는 하나, 구체적으로 어떤 지역에서 차를 생산하였는지에 관한 기록은 없다. 그런데 당대 육우陸羽의 『다경茶經』에 처음으로 차 생산 지역이 열거되어 있는데, 당시 차 생산지가 이미 사천・섬서・호북・운남・광서・귀주・호남・광동・복건・강서・절강・강소・

안휘·하남 등의 14개성에 걸쳐 있다. 그 경계가 북으로는 하남의 해주(海州, 지금의 강소성 연운항連雲港)에 까지 펼쳐져 있으며, 당대의 차 생산지는 중국의 근대 차 생산지와 거의 유사하다.

당대의 차잎 생산과 소비와 무역은 밀접한 상호 관계를 가진다. 주로 남방에서 생산되는 차는 북방과 서북의 소수민족 지역의 차가 생산되지 않는 곳으로 판매되었다. 차가 당대에 이렇게 널리 대중화된 음료의 하나가 되고, 대중적으로 소비되는 일용상품이 되자, 차는 또한 국민 경제의 중요한 부분을 차지하게 되었다.

당대 중기 이전까지는 차를 심고 판매하는 것에 대해 세금을 징수하지 않았으나, 안사安史의 난으로 인해 국가 재정이 어려워지고, 차의 생산과 무역이 크게 발전하자 조정에서는 차에 대해 세금을 징수하기 시작했다. 당나라에서 차에 대해 징수한 세금을 "차세茶稅"라고 하였다.

당은 대규모의 국영 다원을 개척하고 다엽을 전매하였다. 조정에서는 차를 공물로 바치게 하였는데, 이러한 '공차貢茶' 제도는 일종의 새로운 세제로서 차를 재배하는 민중에게는 큰 부담이 되었다. 그러나 공차의 품질에 대한 다양한 요구는

원(元), 조원(趙原) 육우팽다도(陸羽烹茶圖)

명차의 생산과 제다기술을 크게 제고시켰다. 이와 같이 당 중기의 다업 발전과 사회의 차에 대한 지식 수요가 증가하는 가운데, 차 전문 서적인 육우의 『다경』이 출현하였고, 이는 참신한 학문 분야이자 문화의 일면이 되었다. 이는 중국은 물론 세계 최초의 전문 저서로 시대적 의의가 있다.

청대 차관(茶館)

당에 이어 송·원·명·청대에도 차는 소금과 철 다음가는 국가 재정의 주요한 수입원 중의 하나였고, 동시에 차는 중국에서 비단·도자기와 함께 중요한 수출물자의 하나였다. 또 차는 봉건시기 마정馬政과 긴밀한 관계가 있다. 당은 차를 서부와 북부 소수민족의 수십만 필의 전마戰馬와 물물교환하였다. 신식무기가 출현하기 이전에, 말은 중요한 전략 물자의 하나로 송을 거쳐 명청 시기에도 차는 조정에서 정치적으로 변방의 전마와 물물교환 하는 중요한 무역상품의 하나였다.

(2) 차의 해외 전파

중국 내에서 전국적으로 전파된 차는 대외적으로 교류가 활발했던 당대에 해외로 전파되기 시작했다. 차는 당나라와 교역이 활발하던 한국과 일본에 먼저 전해졌다. 『삼국사기·신라본기』의 흥덕왕 3년 12월조에 의하면, 신라의 사신인 대렴大廉이 당나라에 파견되었다가 돌아오는 길에 차나무를 가지고 와서 왕에게 바쳤다. 그 후 차나무는 왕명에 의해 지리산에 심었다는 기록이 있다. 통일신라시대에는 일부 승려와 화랑들이 수행과 관련하여 차를 마시는 풍속이 있었고, 고려 시대에는 왕실·귀족·사찰 등에 차가 유행처럼 번졌다.

조선 시대에는 불교와 함께 차 문화도 쇠퇴했으나 사찰을 중심으로 다도의 전통은 이어졌다. 특히 조선시대에 이르러 명맥만 유지해오던 한국의 다도는 초의선사艸衣禪師에 이르러 크게 중흥되었다. 한국의 다성茶聖으로 불리는 초의선사는 『다신전茶神傳』과 『동다송東茶頌』을 지었다. 『다신전』은 차 마시는 법 등에 관한 내용이 22개 항목으로 나누어 기술되어 있고, 『동다송』은 차의 기원과 제다법 등을 게송偈頌으로 지은 것이다. 이후 차는 한국인의 문화와 삶에 있어서 중요한 위치를 차지하게 되었다.

차는 또한 12세기에 중국에서 수련 중이던 일본 승려에 의해 일본으로 전해졌다. 일본의 다조茶祖로 숭상되며 『끽다양생기喫茶養生記』를 지은 에이사이 선사榮西禪師가 당에서 차씨를 가져와 건인建仁2년(1202) 고산사高山寺에 심어지면서 전 일본으로 퍼졌다. 15세기 말에 일본의 유명한 선종 승려인 무라타 주코村田珠光가 차 의식에 종교적 의미를 부여하면서 서민적이고 절제된 분위기에서 차를 마시게 되었으며, 16세기에 다케노 조오武野紹鷗는 선종 규범에 맞게 '다도茶道'를 확립하였다.

한편, 서양에 차의 존재가 알려진 것은 근세기에 이르러서다. 일부에서는 옛날부터 동서 교류의 루트이자, 중국과 로마를 이어주던 실크로드(silk road)를 통해 서양에 차가 전래되었을 것으로 추측하는 견해도 있으나, 그 경로는 아직 밝혀지지 않았다. 13세기 원나라 조정에서 여러 관직을 지내며 중국 각지를 여행했던 마르코 폴로의 『동방견문록』에도 차에 관한 기록은 보이지 않는다.

그러나 일부에서는 차를 나타내는 어휘의 계통 고찰을 통해 차의 전파 과정을 추측하기도 한다. 혹자는 이와 같은 어휘의 계통에 따라 차의 전파 루트를 주장하고 있다. 현재 차를 의미하는 세계 각 국의 단어를 보면, 중국 광동어인 'CH'A(차)'와 복건어인 'TAY(테)'의 계보를 따라 크게 두 그룹으로 나눌 수 있다. 광동어인 'CH'A'는 육로를 통해 북쪽으로는 북경을 거쳐 중국 북부 및 몽골과 한국 · 일본으로 전파되었고, 서쪽으로는 티베트와 인도를 거쳐 서남아시아 지역과 동구권으로 전파되었다. 복건어인 'TAY' 그룹은 하문과 직접 무역을 시작한 네덜란드를 통해 서구 각국으로 전파되었다. 이로 보아 차를 뜻하는 어휘는 육로와 해로로 전파되었으며, 차라는 단어의 전파는 곧 차 그 자체의 전파와도 관련이 있었던 것으로 보인다.

유럽에 처음으로 차가 소개된 것은 항로의 발달로 동서 교역이 활발해지기 시작한 17세기 초이다. 동양 항로를 최초로 개척한 포르투갈은 비단·향료·후추 등의 동양 특산물을 수입하였고, 이들 특산물은 네덜란드 선박에 의해 네덜란드·프랑스·발트해 연안으로 운반되었다. 17세기에 이르러 네덜란드와 영국은 앞 다투어 식민지인 인도와 인도네시아 등에 동인도 회사를 설립하고, 네덜란드의 동인도 회사의 선박은 직접 유럽으로 차를 운반하였다. 이후 네덜란드를 비롯하여 영국과 프랑스의 해운회사들은 중국으로부터 차를 직접 공급받을 수 있게 되었다. 그리고 유럽의 이주민들에 의해 차는 미국 신대륙으로 전해졌다. 하지만, 영국은 식민지인 미국에서 차를 판매하며 높은 세금을 부과하여 보스턴차 사건을 초래했다.

한편, 차가 영국의 주요 수입품이 된 데 반하여 영국의 주요 수출품인 모직물이 중국에서 환영받지 못하자, 영국 왕 조지 3세는 차 무역에 소요되는 자본금을 충당하기 위해 인도에서 재배한 대량의 아편을 중국에 판매하였다. 아편은 중국을 휩쓸면서 엄청난 수익을 영국에 가져다주었다. 그러나 아편의 광범위한 유입은 중국의 정치적·경제적·사회적인 위기를 불러왔고, 중국의 광주 지역에서의 교역 금지령과 아편의 압수 소각은 영국의 도발을 초래해 아편전쟁으로 발전했다.

네덜란드와 영국 상인들은 중국 차 판매로 막대한 이익을 취하자, 인도와 인도네시아 등의 식민지에도 대량의 차 재배지를 형성하였다. 18세기와 19세기를 거치며 인도와 인도네시아는 대규모의 차 생산을 시작하였으며, 점차 스리랑카 및 일본 등에서도 차를 수출하게 되면서 세계 차 시장은 대규모로 성장 발전하였다.

3. 포다 원리

누구나 차를 우릴 수 있다. 그러나 잘 우려진 차 한 잔을 내기 위해서도 일정한 학습과 경험에 의한 수련이 필요하다. 차가 가진 고유의 특성을 최대한 살리면서, 색향미를 모두 갖춘 최적의 풍미를 내기 위해서 다양한 연구가 이루어졌다. 차의 풍미를 결정하는 3요소는 물온도·차량·시간이다.

차의 종류와 특성에 따라서 물 온도와 차의 사용량, 차의 추출시간이 결정되며, 이 세 가지 조건이 어우러져 최적의 차맛을 낼 수 있도록 연구하여야 한다. 또한 차를 우리는 물의 선별, 다구의 선별도 차의 맛과 상관관계를 가진다.

1) 포다 3 요소

(1) 물 온도

발효도가 높고, 단단하게 말려진 차일수록 고온에 우려내어야 성분이 충분히 우러날 수가 있고, 반면 발효도가 낮거나 불발효차는 저온에서 우려내어야 한다. 단단하게 말려진 발효차를 저온에서 우리면 차의 성분이 충분히 우러나지 않아서 고유의 풍미를 찾을 수 없고, 녹차와 같은 불발효차를 고온에서 우리면 비타민C가 파괴되고, 카페인 성분이 지나치게 우러나므로 쓰고 떫은 차가 된다.

(2) 차량

차를 우리는 차호茶壺에 얼마만큼의 차를 넣고 우릴 것인가를 기준으로 삼는다. 차를 유리컵이나 개인다구에 넣고 한 번만 우려 마실 경우에는 국제표준인 150cc / 3g/ 5~6분을 기준으로 하고 있다. 그러나 일반적으로 중국차는 작은 차호를 이용하여 여러 번 우려마시는 방식을 취하므로 차호의 크기에 따라 차의 사용량이 결정된다.

소호를 사용하여, 4~5회 유출을 기준으로 할 때, 말려지지 않고 풍성하게 만들어진 백호오룡 · 대홍포 · 문산포종차 등은 차호의 1/2이상을 사용한다. 반구형 오룡차 풍성하게 만들어진 황산모봉 · 백호은침 등

은 1/3~1/4을 사용한다. 단단하게 말려진 철관음 · 고산오룡차와 용정차 · 기문홍차 · 전차 · 자스민차 등은 차호크기의 1/5을 사용한다. 단, 5~6회로 유출횟수를 늘릴 때는 사용량을 증가시키고, 2~3회로 줄일 때는 사용량을 감소시킨다.

(3) 시간

소호를 이용해서 단단하게 말려진 오룡차 계열의 중국차를 포다 할 경우 첫 번째 우리는 차는, 최소한 1분이 경과하여야 차의 성분이 용해된다. 30~40초 만에 차를 따르면 차가 가진 고유의 특성을 충분히 즐길 수 없다. 두 번째 우릴 때는 차의 성분이 쉽게 용출될 조건을 이미 갖춘 상태이므로 추출시간을 약간 줄여준다. 세 번째 이후에는 차의 성분이 더 많이 우려날 수 있도록 시간을 늘여준다. 그러나 말려지지 않고 풍성하게 제조된 문산포종이나 백호오룡과 같은 차는 성분이 우러나기 쉬운 조건으로 만들어져 있으므로 첫 번째 차부터 시간을 앞당겨야 한다. 물 온도를 낮게 우려내는 녹차종류는 성분이 우러나는데 오랜 시간이 필요하므로 최소한 1분에서 3분 정도의 시간을 필요로 한다.

〈포다 온도와 시간의 균형〉

	흑 홍 청 황 백 녹
차의 발효도	高 --- 低
물의 온도	高(~100도) -----------------------------低(70도~)
추출 시간	短 --- 長

종류	적절한 수온(c)	1회차 추출시간	차량
녹차(용정차)	70~80	1~3분	차호의 1/5
동방미인, 백호은침	80~90	40초~1분	차호의 1/2
철관음, 오룡차	90~100	1분	차호의 1/4
기문홍차	90~100	1분	차호의 1/5

〈차의 종류에 따른 다기의 선택〉

종류	다기
녹차	유리 · 개완
백차	유리 · 개완
황차	유리 · 개완
청차	개완 · 차호
홍차	개완 · 차호
흑차	개완 · 차호

〈다기의 보온성〉

재질	유리제품　자기개완　자기차호　도기차호
보온성	低 -- 高

2) 다구

일반적으로 중국차를 우리는 다구는 자사호・자기・유리로 만들어진다. 차의 특성에 따라 그에 맞는 다구를 선택하여야 최적의 차 맛을 낼 수 있다. 일반적으로 발효도가 낮고 저온에서 우려야 하는 차는 유리잔이나 자기가 적합하다. 용정차 등의 녹차는 고온에 밀폐성이 높은 다구를 사용하면 차가 익어버리므로 고유의 풍미를 잃어버릴 수 있다.

중간정도의 발효도를 가진 차는 자기로 만들어진 다구를 사용한다. 발효도가 높은 차는 작은 자사호를 사용하는데, 작은 자사호를 사용하여 밀폐성을 최대한으로 높여서 발효차 고유의 맛과 향을 살려낸다. 다만 공예차나 화차등 차의 시각적인 효과를 강조하고 싶을 때는 다구의 성질보다는 찻잎이 퍼져나가는 모양이나 꽃잎의 아름다움을 즐길 수 있도록 유리로 만들어진 다구를 선택한다.

녹차와 개완

녹차와 유리잔

청차와 자사호

홍차와 개완

(1) 자사호의 선택

우선 한 손으로도 쉽게 잡을 수 있는 크기의 단순한 모양의 자사호를 구입한다. 철분을 함유한 자사로 만들어지고, 단단하면서도 얇게 구워진 양질의 차호를 선택한다. 좋은 자사호는 물이 잘 흘러나오고 손의 감촉이 좋으며, 차호의 출구와 입구가 동일하게 평면을 이루어야 한다.

구입한 차호는 잘 사용하여 길들인다. 중국에는 "차호茶壺와 친구는 오래 될수록 좋다"는 말이 있다. 차호를 정갈하게 사용하고 정성들여 길들이는 것을 '양호養壺'라고 하는데, 오래 동안 정결하게 사용하여 차의 성분이 서서히 스며들어 깊은 품격을 내게 한다. 새 차호를 구입했을 때는 찻잎을 넣은 남비에 차호를 넣고 오랫동안 끓여서 사용하는 것이 좋다.

자사호의 선택 표준은 다음과 같다.

외형 자사호는 점 · 선 · 면의 기본요소가 어우러져서 만든 작품이다. 이 요소들이 각각 분명해야 한다.

자사호를 고를 땐 자신이 좋아하는 형태를 기준으로 삼아야 한다. 또 자사호의 외형에 흠이 없어야 하고 자기 손에 잘 맞는

지도 확인한다. 특히 손잡이와 차호 몸체의 결합 부분이나 부리와 차호 몸체의 결합 부분을 잘 살펴보아야 한다.

삼평三平 부리(호취) · 손잡이 · 뚜껑 꼭지의 세 점이 일직선을 이뤄야 한다. 뚜껑을 열고나서 물에 띄웠을 때, 물 위에서 한쪽으로 기울지 않고 수평으로 떠 있는 것이 정교하게 잘 만들어진 것이다.

출수出水 물을 따를 때, 물이 힘 있게 포물선을 그리며 길에 나와야 하며 호를 기울여 따랐을 때, 호 안에 물이 남지 않아야 한다. 출수가 잘 되지 않는 차호는 실용적이지 못할 뿐 아니라 차를 따르는 시간이 지나치게 길어 차의 농도를 맞추기가 어렵다. 차호의 부리가 차호 몸체보다 낮은 것은 피하는 것이 좋다. 부리가 차호 몸체보다 낮으면 차를 우릴 때 차호 몸체에 물을 가득 넣을 수 없기 때문이다.

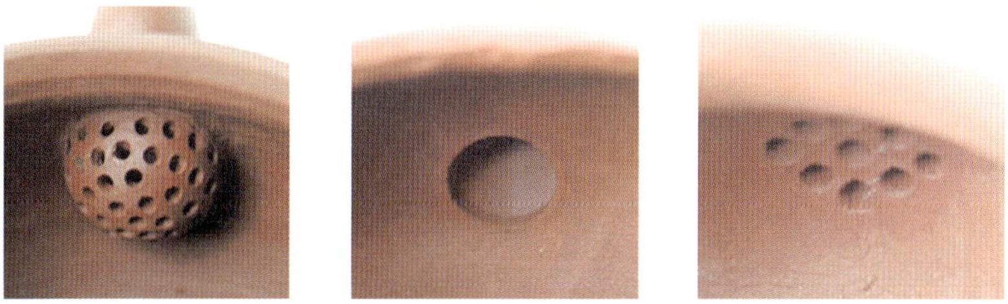

절수切水 차호에 물을 부은 다음 뚜껑을 닫고 차호뚜껑의 공기구멍을 막아 물을 따라본다. 이때 차호에 든 물이 부리를 통해 밖으로 흐르지 않고 딱 멈추어야 절수가 잘 되는 차호이다. 구조적으로 공기구멍을 손으로 막을 수 없게 만들어진 차호도 많다. 이때는 차호뚜껑을 덮은 채로 물이 담긴 차호를 안전하게 잡은 다음, 부리를 막고 차호를 뒤집어서 물이 공기구멍으로 흘러나오는 차호여야 한다.

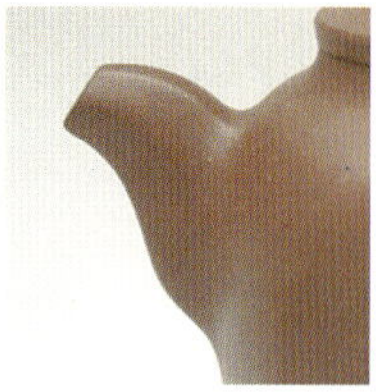
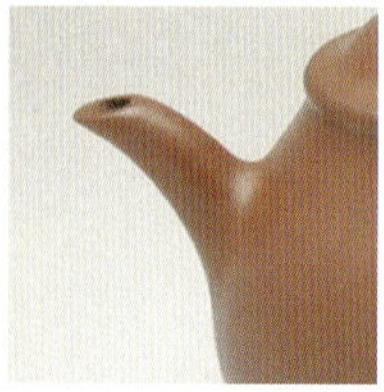

안정감 호의 입과 뚜껑 그리고 호 바닥의 굽다리는 같은 크기여야 하며, 바닥이 평평하고 호의 뚜껑과 호의 입이 긴밀하게 맞아야 한다. 호를 잡아 물을 따랐을 때 호의 손잡이에 힘이 들어가는 것은 호의 중심이 바르지 않기 때문이다. 좌우균형이 맞고 호의 입이 완전한 원형을 이루는 차호를 선택한다.

호의 바닥은 평평하고 깔끔하여야 하고 낙관도 단정하게 찍혀 있어야 한다. 보통 낙관은 2개 이상 찍으며 대개 호의 바닥과 뚜껑 그리고 손잡이에 찍는다.

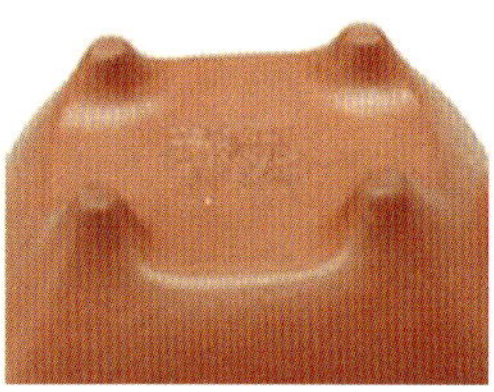
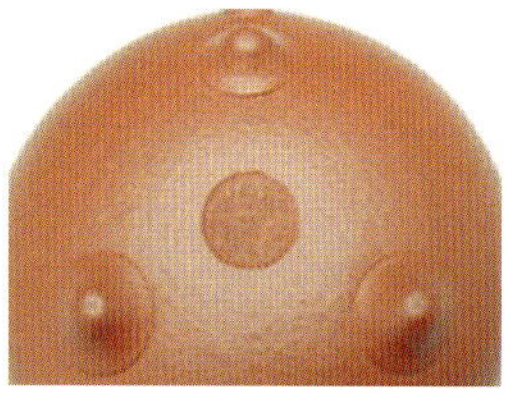

재질 자사호는 좋은 자사로 만들어져 있는가가 가장 중요하다. 우선 자사차호의 뚜껑을 닫고 5분 이상 그대로 둔 다음, 다시 뚜껑을 열고 차호 속에서 나는 냄새를 맡아본다. 자사차호에는 특유의 향이 있어서 향긋한 돌 냄새가 난다. 이상한 냄새가 나는 것은 피한다.

색감 태토의 색감이 잘 살아있는 매끄러운 느낌에 윤기가 나는 것이 좋다. 의흥도토에는 석영이 함유되어 있어서 형광등 아래서 비춰보면 점점이 반짝이는 것을 볼 수 있다. 겉으로 보아 매우 단단해 보이지만 지나치게 윤기가 나는 것은 붉은 색의 흙에다 화학재료를 첨가하여 저온에서 구운 것일 수 있으므로 주의해야 한다.

구운 온도 자사호는 재질에 따라 약간의 차이는 나지만 대개 1,200도 이상의 고온에서 구워내야 자사 특유의 성질을 갖는다. 이것을 확인하기 위해서는 자사차호를 두드려 보아 소리를 들어본다. 잘 구워진 자사호는 쇳소리가 섞인 맑은 소리를 낸다. 자사호는 일반 도자기와 달리 얇고 단단하기 때문에 차호를 두드릴 때 주의하여야 한다. 뚜껑을 들어 차호 몸체의 윗부분을 두드리는 것은 금기사항이다. 차호뚜껑으로 손잡이를 가볍게 두드리는 것이 올바른 검사법이다.

작가 확인 조리공예사 이상의 직위를 가진 사람들이 만든 차호를 선택할 때 진품이라는 증거를 확인한다. 낙관만으로 진위여부를 확인하기 어렵다. 작가가 발행한 작품증서나 소개책자 등이 일치하는지의 여부를 확인하는 것이 바람직하다.

(2) 개완잔의 선택

개완蓋碗은 뚜껑(덮개)이 있는 찻사발이란 뜻이다. 녹차나 화차를 즐겨마시는 중국에서 널리 사용되고 있다. 뚜껑이 달린 개인용 다구인 개완잔은 무엇보다도 잔과 뚜껑 그리고 받침을 함께 들었을 때 안정감이 있는 것을 골라야 한다. 개완잔은 주로 자기로 만들어지는데, 차호의 역할과 찻잔의 역할을 동시에 할 수 있고, 익숙해지면 매우 편리하면서도 우아한 도구이다.

사용하기 편한 개완은 자신의 손의 크기에 맞는 사이즈로, 가벼운 느낌이 드는 것이 좋다. 잔과 뚜껑이 너무 딱 맞는 것 보다는 오히려 약간의 틈새가 느껴지는 것이 사용하기 좋으나, 잔과 뚜껑이 맞지 않아서 들었을 때 움직이면 곤란하다. 뚜껑은 커브(곡선)가 커서 향을 머금을 수 있어야 좋다.

개완잔의 포다용 이용법

개완잔의 음다용 이용법

3) 물 선택

육우『다경』에도 물 선택에 관하여 언급되었을 정도로 물은 차의 향과 맛을 결정하는 중요한 요소이다. 특히 차향을 최대한 살리는 데는 물 선택이 매우 중요하다. 향이 좋은 고산오룡차나 안계철관음의 경우, 미네랄워터나 수돗물 보다는 정수기를 사용한 물이 본래의 향을 최대한 내게 된다. 미네랄워터가 적합하지 않은 이유는 미네랄워터에 함유된 각종 광물질이 차의 탕색을 탁하게 하며, 향기의 발산을 저해하고 입안에 감도는 상쾌한 느낌을 저해하기 때문이다. 광물질의 함량이 높을수록 경도가 높아진다.

물은 일반적으로 경수硬水와 연수軟水로 분류된다. 경수는 물분자속에 금속물질이 포함되어 있는 것으로 '센물'이라고 하며, 연수는 자연 상태의 순수한 상태로 '단물'이라고 한다. 중국차학계의 물 구분법에 근거하여 더 자세히 정의하면, 연수軟水는 칼슘이온과 마그네슘이온의 함유량이 물 1리터당 10밀리그램을 초과하지 않는 물을 가리킨다. 그 함유량이 10밀리그램을 초과할 경우 그 물은 곧 경수硬水가 되는 것이다. 그러나 이러한 과학적 정의는 일반인들에게 있어 매우 생소하여 이해가 쉽지 않다. 그래서 차학계에서는 일반인들이 간편하고 알기 쉽게 구분할 수 있도록 다음과 같이 정의하고 있다.

> 오염되지 않은 자연계의 상태에서 이루어진 설수(雪水 : 눈이 녹아서 된 물) · 빗물 · 노수(露水 : 이슬이 맺혀서 된 물) 등은 '천수(天水)'라 하여 모두 '연수'에 속한다. 기타 샘물 · 강물 · 냇물 · 호수의 물과 우물물 등은 모두 '지수(地水)'라 하여 '경수'에 해당한다.

연수로 차를 우려 마시면 차향이 그윽하고 맛 또한 부드럽다. 중국의 사대四大소설 중의 하나인 『홍루몽紅樓夢』에서는 "격년隔年으로 불순물을 제거하여 깨끗하게 저장하여 둔 빗물로 '노군미(老君眉 : 복건의 백차)'를 우려 마시고, 또 매화꽃 위에 내린 눈을 녹여 만든 물[雪水]을 지하에서 5년 동안 저장해 두었다가 차를 우려 마셨더니 그 맛의 청순함이 비길 데가 없었다." 라고 묘사하고 있다.

명, 문징명(文徵明)혜산차회도(惠山茶會圖)

차 맛을 내는데 가장 좋은 물은 칼슘이나 마그네슘의 함유량이 적은 경도 5이하의 연수軟水로, PH 5.5~6.5 의 약산성에 산소를 많이 함유한 물이다. 수돗물은 인공 정화과정을 거쳤기 때문에 찻물로 사용해도 무방하다. 그러나 소독약품의 냄새가 너무 짙거나, 혹은 각 아파트나 집안의 물탱크의 오염의 정도가 심할 경우 차향을 제대로 낼 수 없으며, 차탕茶湯이 탁해지기 쉽다. 어쩔 수 없이 수돗물을 사용하여야 할 때는 침전물을 가라앉히고 윗물만 사용한다. 또 물을 끓여서 화학성분을 최대한 날려 보낸 후 사용한다.

명, 심주(沈周) 급천자다도(汲泉煮茗圖)

제 2 장

중국차 실습

중국차 실습

1. 차의 품평

1) 차엽 평가 국제표준

차엽의 감정을 위한 국제표준의 '품평기구'가 정해져 있다. 품평배·품평완·품평반으로 구성되어 있으며 순백의 자기로 제작된다. 품평배는 150cc가 기준이며 사용차량은 3g, 침투시간은 아차류와 가볍게 포유된 차류는 5분, 단단하게 포유된 차류는 6분을 기준으로 한다.

(1) 평가 항목

① 탕색
② 열향熱香
③ 맛
④ 냉향冷香
⑤ 엽저
⑥ 외형

(2) 차 품평 과정

품평준비 준비된 차를 품평배와 나란히 진열한다. 차엽반 앞에 품평배를 놓고 품평완과 접시를 놓는다.

물 붓기 3g의 차를 품평배에 넣고 100도의 물을 150cc 붓는다. 5분 후 차탕을 품평완에 따른다.

색과 향 평가 차탕을 품평완에 따른 후 우선 탕색을 살핀다. 그리고 1분 후 뚜껑을 열고 향을 평가한다. 한 번 차를 우려낸 후의 품평배 안에 남은 향을 평가한다. 온도가 내려갔을 때의 향의 변화를 평가할 수 있다.

맛 평가 품평용 수저와 찻잔을 이용하여 차를 한 모금 입에 넣고, 혀를 3~4차례 움직여서 맛을 평가한다. 맛의 농도와 강약 단맛과 떫은맛의 정도를 평가한다.

엽저 관찰 품평배의 우린 잎을 접시에 꺼내서 평가한다. 손으로 엽저를 펼쳐서 모양을 평가한다. 엽저를 통해서 제조 상태를 확인할 수 있다.

외관 관찰 마른 차엽을 손바닥에 올려놓고 외형을 살핀다. 차의 긴밀도와 형상·색상을 평가한다.

발효과정에 따른 차향의 변화

1. 불발효차 : 신선한 풀향(菜香)
2. 경발효차 : 풀향이 꽃향으로 변화(花香)
3. 중발효차 : 잘익은 과일향으로 재변화(熟果香)
4. 전발효차 : 꿀향으로 변화(糖香)

품평능력의 배양

1. 반복실험과 품평 경험

차를 품평하는 능력은 부단한 실험과 경험으로 만들어지는 것이다. 정해진 공식과 이론적 지식만으로는 평가 능력을 얻을 수 없다.

2. 외형과 내적 품질의 상관관계

한 가지를 보고 세 가지를 예측할 수 있는 능력을 배양해야 한다.

예를 들어, 차엽이 어리고 긴밀하게 만들어져 있으면 채취와 제조 부분에서 두루 충실하게 만들어진 것이며, 향기가 순정하고 우미하면 맛도 뛰어날 것이라는 것을 알 수 있다. 엽저가 깔끔하게 마무리 되어있으면 차탕의 색・향・미가 우수할 것으로 예측할 수 있다. 또한 외형의 어린잎 정도와 엽저의 어린잎 정도는 기본적으로 일치되며, 외형이 균등하면 엽저도 균등하다.

항주지역 녹차의 표준 차엽말이

1급 : 가늘고 단단하게 말려져 있으며 차엽의 끝이 뾰족하다.

2급 : 가늘고 단단하게 말려져 있으며 차엽 끝의 뾰족함이 약간 남아있다.

3급 : 그런대로 단단하고 튼튼하다.

4급 : 약간 단단하다.

5급 : 약간 느슨하다.

6급 : 조잡하고 느슨하다.

2) 차의 품질 요건

(1) 형상

마른 차엽의 외형은 주로 다섯 가지를 관찰하는데, 여린 잎의 정도, 차엽의 말려진 정도, 색상과 윤기, 수분의 함량, 청결정도 등이다.

차엽의 여림의 정도 여림의 정도는 품질을 결정하는 기본요소이다. 소위 말하는 "마른 잎은 외형을 보고 젖은 잎은 엽저를 본다"라는 말이 바로 차엽의 여린 정도를 말하는 것이다. 보통 여린 잎의 차엽은 이러한 외형의 차엽조건에 부합된다. 예를 들어 용정차는 "매끄럽고 납작하며 평탄하고 곧다". 이외에도 차엽의 끝이 뾰족한지 아닌지에 의하여 감별하기도 한다. 끝이 뾰족하고 백호가 잘 보이는 것은 여린 정도가 좋은 것이고 제작공정도 좋은 것이다.

원료가 쇠었으면 제작공정이 아무리 뛰어나도 차엽 끝이 뾰족하지 않고, 백호白毫도 없다. 그러나 백호의 많고 적음이 반드시 여린 정도를 말해주는 것은 아니다. 예를 들면 극품의 사봉용정은 표면에 백호가 거의 안 보인다. 또한 백호를 인공적으로 올릴 수도 있다.

차엽의 말려진 정도 차엽말이는 각종 차엽이 구비하고 있는 일정한 외형의 규격이다. 초청형 말이, 진주형 원형말이, 용정의 납작함, 홍쇄차의 과립형 등이 있는데 단단하고 튼튼하며 끝이 뾰족한 것이 상품이다.

색상과 윤기 차엽의 색상과 윤기는 원료의 여린 정도, 가공기술과 밀접한 관계가 있다. 각각의 차엽은 모두 일정한 색상과 윤기의 표준이 있다. 홍차는 새까맣고 윤기가 나고 녹차는 비취녹색을 띠며 오룡차는 청갈색을 띤다. 그러나 어느 종류의 차엽이든지 좋은 차엽은 색상이 일치하고 밝으며 윤기가 나야 한다. 색상이 균일하지 못하고 어둡고 윤기가 없는 차엽은, 원료의 여린 정도가 균일하지 않고 가공기술이 뒤떨어진 것이다.

차엽의 색상과 윤기는 차나무의 산지 및 계절과도 관계가 있다. 고산녹차는 색상이 푸르면서도 약간 노랑색을 띠며 밝고 선명하다. 저산지역과 평지의 차엽은 색상이 심녹색이며 윤기가 난다. 제다기술도 차엽의 색상과 윤기에 영향을 미친다. 용정차중에서 가장 고급품인 사봉용정 명전차는 취녹색이 아니고 연한 노랑색을 띤다. 이것은 사봉용정의 아주 선명한 특색으로 기타 용정차의 색상과 윤기가 구별된다.

그러나 사봉용정은 판매가가 아주 비싸므로 차농茶農들은 고의적으로 용정차를 이런 색상으로 가공을 해서 사봉용정인 것처럼 팔기도 한다. 볶을 때 일부러 약간 과하게 볶아서 색상이 노랗게 되게 하는 것이다. 사봉용정의 진품은 차엽이 고르고 깨끗하고 윤기가 돌며 담황색을 띤 연녹색이며 청신한 향기가 난다. 질이 떨어지는 사봉용정은 말이가 느슨하고 털이 조잡하며 연녹색보다 노랑색을 더 띠며 볶은 콩 냄새 난다. 용정차가 갖춰야 할 그윽하고 청신한 향기가 없다.

수분의 함량 차가 충분하게 건조되어 있어야 한다. 수분함량이 5%이하여야 충분히 건조되었다고 볼 수 있다.

차의 주요 형상을 나타내는 용어

침형(針型) : 끝이 뾰족하다.(군산은침)

작설형(雀舌型) : 차형이 곧고 길다.(여산운무)

장조형(長條型) : 차형이 가늘고 길다.(몽정황아)

권곡조형(卷曲條形) : 가늘고 말려져 있다.(동정벽라춘)

라정형(螺釘型) : 소라처럼 말려져 있고 끝은 뾰족하다.(철관음)

첨조형(尖條型) : 납작하면서 양쪽 가장자리는 뾰족하다.(태평후괴)

원주형(圓珠型) : 둥근 구슬모양이다.(쟈스민차)

편형(扁型) : 납작하면서 한쪽이 둥근 곡선이다.(용정)

과립형(顆粒形) : 작은 알갱이 모양이다.(쇄홍차)

단괴형(團塊形) : 덩어리 모양이다.(긴압차)

차의 향을 나타내는 용어

호향(毫香) : 백호가 선명하게 드러나는 차엽

눈향(嫩香) : 청신한 맛

청향(淸香) : 신선한 풀향

화향(花香) : 경발효차에서 나는 꽃향

과향(果香) : 성숙한 우롱차의 과일향

첨향(甛香) : 달콤한 과일향

화향(火香) : 무이암차 등에서 나는 향

순향(醇香) : 오래된 차에서 나는 향. 보이차향

『다신전茶神傳』 속의 차향

『다신전』에서는 차향을 순향(純香) · 청향(淸香) · 난향(蘭香) · 진향(眞香)으로 논하고 있다.

① 표리여일(表裏如一) : 겉과 속이 한결같다. 즉, 우리기 전 찻잎에서 올라오는 향과 우린 뒤의 향이 같은 것.－순향

② 불생불숙(不生不熟) : 덜 익지도, 너무 익지도 않은 것－청향

③ 화후균정(火候均停) : 불김이 고르게 머문 것－난향

④ 우전신구(雨前神具) : 곡우 전 신령한 기운이 갖추어진 것－진향

정결한 정도 차엽이 끊어지고 부스러기가 많은 것은 질이 떨어지는 제품이다. 주로 차엽에 차엽부스러기·줄기·가루·차씨 등이 섞여 있는지 관찰하며 이외에도 제작 과정 중에 참대부스러기·나무부스러기·석회·흙 등 이물질이 들어갔는지를 관찰한다.

(2) 탕색

탕색의 평가기준은 그 차의 특성에 따르지만, 탁하고 누런빛이 감돌거나, 어두운 녹색이나 탁한 흑갈색을 띠거나, 지나치게 붉은 기운이 도는 차는 피하여야 한다. 또 차가 식어도 탕색이 변하지 않는 차가 우수한 차이다.

(3) 향기

향의 종류 차의 품종과 산지·계절·제조기술에 따라 다른 차향을 가진다. 차의 특성에 따라 각각 다른 향을 내는데, 주요 향기로는 청향·순향·과향·꿀향 등이 있으며 이밖에도 차의 성격에 따른 다양한 향이 있다. 청향이 특성인 차는 마른 찻잎에서도 청향이 나는지, 그리고 뜨거운 차탕을 코끝에 느낄 때 향의 고저와 청탁·농담을 품평한다. 풋내가 나거나 연기 냄새가 깃든 차, 잡미가 섞이고 기름 냄새가 나는 것은 품질이 낮은 차이다.

향의 정도 같은 향이라도 향이 엷고 진한 정도가 적당한가, 맑고 순수한가를 관찰한다. 향기는 상쾌하고 고상하며 오래 지속되어야 한다. 차탕이 뜨거울 때의 향과 식었을 때의 향이 모두 좋은가를 관찰한다.

(4) 차의 맛

차의 맛의 농담濃淡・청탁淸濁・감윤甘潤・고삽苦澁・신구新舊・화후火候・산미酸味 등을 관찰한다. 또 입안에서 느끼는 감촉과 정도가 순하고 부드러운지, 그 차가 가진 종류와 산지에 따른 독특한 운치가 있는지, 쓰고 떫은 정도가 적당한지, 불량한 맛이 섞이지 않은지를 살핀다.

입안에서 느끼는 맛과 혀・코・목에서 느끼는 맛이 각각 좋은지를 살핀다.

(5) 엽저

찻잎의 펴진 상태 어리고 쇤 잎의 정도를 엽저로 확인할 수 있다. 잎의 펴짐 상태가 좋고 부드러운가를 관찰한다. 찻잎의 산지・계절・시기・제다법・품종에 따른 적합한 크기와 형태를 지녔는지 손으로 만져보면서 직접 평가한다.

묵은 잎이 섞여있거나 부서져있지 않은지, 찌꺼기가 섞여있는지 등을 관찰한다.

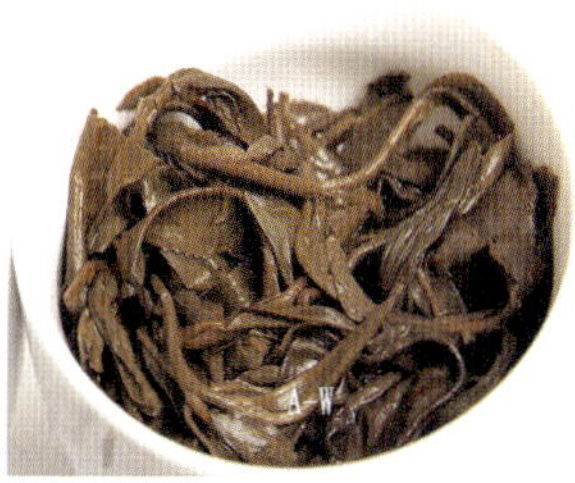

찻잎의 발효정도 발효정도에 따라 색상의 선명도와 광택이 다르다. 각종 차의 특성에 맞게 발효되었는지를 관찰한다.

3) 동정오룡차 평가 실습

차엽의 품평은 차엽의 형태·색·향·미의 우열이 사람의 시각·후각·미각·촉각의 예민한 반응과 품평능력에 의해 판별된다. 이 외에도 품평 설비가 일치되어야 하며, 선택된 용수, 차와 물의 비례, 포다 온도와 시간 및 품평 동작의 과정 등이 배합되어야 표준적인 평가가 가능하다.

동정오룡차는 대만의 청심오룡 품종으로 만든 반구형 반발효차이다. 동정오룡차는 오룡차 계열 중 가장 일찍, 그리고 널리 알려진 중국차이므로 오룡차 품평 실습대상으로 적합하다고 할 수 있다.

(1) 품평설비

품평실 품평실은 북향으로 자연광인 곳이 적합하다. 방의 광원이 균등하고 충분하며, 실내 장식이 단순하고 벽지는 백색이 적합하다. 실내는 신선한 공기가 통하고 청결한 곳일수록 좋다.

품평용구 표준화된 전용 용기를 사용하여야 한다. 사용되는 용기에는 품평반·품평배·품평완·엽저접시·저울·계시기·걸음망·차시·찻잔·퇴수기·물끓이는 기구 등이 있는데, 이중 품평반·품평배·품평완은 반드시 표준용기여야 한다.

차엽 균등하게 선택되어야 한다. 실험용 차엽 150~200g을 덜어서 잘 혼합하여야 한다. 잘 혼합된 상태에서 3g을 덜어서 사용한다.

품평 용수 물이 경수인지 연수인지, 맑은지 탁한 것인지는 차탕의 색향미에 직접적인 영향을 준다. 그러므로 품평 용수는 같은 종류를 사용하여야 한다. 증류수를 사용하여도 무방하며 10도 이하의 물을 사용하는 것이 좋다.

포다 온도 품평하기 좋은 물온도는 이제 막 끓어올라 100℃에 오른 물이다. 그래야 차엽의 향과 단맛과 쓴맛이 충분히 표현되어 품질의 우열을 판단할 수 있다. 너무 오래 끓은 물은 좋지 않다.

(2) 품질평가 방법

찻잎의 품질은 다원의 관리, 계절에 맞는 채취・제다・홍배 등의 우열에 따라 매우 큰 차이를 나타낸다. 일반적으로 품질의 우열을 가리는 평가방법과 평가용어는 어떻게 되는지 동정오룡차의 표준 품평법을 알아보기로 한다.

동정오룡차

우려내기 심사전에 먼저 차엽을 대표할 수 있는 샘플 100g을 선별한다. 그리고 그 중에서 3g을 덜어서 품평배에 넣는다. 150cc의 뜨거운 물을 붓고 뚜껑을 덮고 5분 동안 둔다. 우러난 차탕을 품평완에 따라낸 후, 엽저는 그냥 둔 채로 향기와 엽저의 상태를 심사한다.

평가 방법 차를 우리기 전에 그 외관을 심사한다. 그리고 차를 우려낸 후 탕색을 심사한다. 5분후 품평배 속의 엽저의 향을 감정한다. 잠시 후 차탕의 온도가 40~45℃로 내려가면 수저로 5~10cc를 덜어서 입에 머금고 혀를 움직여서 입안의 미각세포와 점막이 차탕과 접촉하게 하여 맛을 평가한 후 버린다. 동시에 코로 올라오는 향기를 감정한다. 다시 온도가 더 내려간 후 재차 맛을 감정한다. 마지막으로 엽저의 색을 보고 발효정도를 평가한다.

평가 항목 차의 품평 항목인 외형과 탕색・향기・맛 및 엽저 등의 심사는 차의 종류에 따라 다르다. 동정오룡차의 표준 평가율은 외관 20%, 탕색 10%, 향기 30%, 맛 40%로 하며, 엽저는 점수에 들어가지 않는다.

외관 찻잎의 외관은 일반적으로 모양과 색을 본다. 모양은 반구형으로 단단하고 가지런하게 말려져 있으며 둥글고 편차가 없어야 상품이다. 만일 형상이 단단하지 않게 말려져 있다면, 차의 원료가 쇠었거나 포유정도가 부족한 것으로 품질에 결함이 있는 것이다. 그 다음이 색상이다. 색상은 선명한 흑녹색으로 표면에 광택이 나는 것이 상품이다. 만일 흑갈색을 띠면 과도하게 발효된 것이다. 이런 차는 우렸을 때 황색을 띠며 맛도 맑지 않고, 깊고 우아한 향을 내지 못한다.

〈형상 평가 용어〉
세눈(細嫩)・긴세(緊細)・긴결(緊結)・조송(粗鬆)・아첨백호(芽尖白毫)・균정(均整)・단괴(團塊)・황편(黃片)・쇄편(碎片)・노엽(老葉) 등.

〈색상 평가 용어〉
흑녹(墨綠)・취녹(翠綠)・회녹(灰綠)・청갈(青褐)・광윤(光潤)・고암(枯暗) 등.

탕색 등황색의 밝고 빛이 나는 색상으로 침전물이 적은 것이 상품이다. 춘차는 등황색이고, 하차는 약간 짙은 등황색이며, 동차는 금황색이거나 옅은 등황색을 띤다. 전체적으로 탕색이 담백하여야 한다. 탁하고 검은 기운이 있으면 품질이 떨어지는 차이다.

〈탕색 평가 용어〉
녹황(綠黃)・황녹(黃綠)・금황(金黃)・등황(橙黃)・등홍(橙紅)・명량(明亮)・혼탁(混濁)・암흑(暗黑) 등.

향기 깊고 우아한 청향이다. 차를 마신 후 향이 코를 통해 온 입안에 깊고 온화하게 감도는데 마치 계화꽃 향기와 같은 느낌이 든다. 향을 맡을 때 비강의 뒷부분의 후각이 향기의 농담을 판별한다. 또 차탕을 입에 넣고 혀를 움직여, 입안의 차향을 코를 경유하여 입으로 불어내어 판별하기도 한다. 향은 뜨거울 때와 식었을 때를 나누어서 품평하는데, 이것은 차향이 오랫동안 지속되는지, 여운의 향은 어떠한지를 판별하기 위해서이다.

향을 품평할 때는 담배를 피우거나 향수를 뿌리거나 손에 화장품을 바르면 정확한 향을 감별하는데 방해 요인이 된다.

〈향기 평가 용어〉
청향(淸香)・유아(幽雅)・순화(純和)・단향(甛香)・화향(火香)・고화(高火)・초미(焦味)・청후(靑嗅)・민기(悶氣)・연기(煙氣) 등.

맛 입안에 단맛이 돌고, 순하고 부드러우며, 생동감이 돌고, 오랫동안 지속되는 것이 상품의 차이다. 맛을 감별하기 좋은 온도는 35~45℃이다. 차탕의 온도가 뜨거우면 미각에 강한 자극을 주어 둔감하게 된다. 너무 낮은 온도는 민감도가 떨어지게 된다. 차탕을 입에 머금고 혀를 움직여서 혀의 미각세포를 전부 활성화시켜, 혀 전체로 맛을 감별한다. 혀끝의 미각세포는 단맛에 혀뿌리의 미각세포는 쓴맛에 민감하다.

맛을 평가할 때는 농담・단맛・쓴맛・떫은 맛・이물감 등의 우열을 가리는 것이다. 또 입안에서 오래 지속되는 여운이 어떠한가도 등급에 영향을 준다. 품평을 하기 전에는 가능한 자극적인 음식을 피하여 미각의 민감도를 떨어뜨리지 않도록 한다.

〈맛의 평가 용어〉
순후(醇厚)・순화(醇和)・고삽(苦澀)・감활(甘滑)・청삽(菁澀)・조삽(粗澀)・산미(酸味)・초미(焦味)・이미(異味)・농후(濃厚) 등.

엽저 우린 찻잎인 엽저의 색상, 잎이 풀어지는 정도, 유연성, 잎의 가장자리가 완전한 모양을 가졌는지, 원료가 쇠었는지, 상태가 균일한지, 발효정도가 적당한지를 평가한다. 최근 엽저의 상태는 점수에 추가시키지 않는데, 그것은 차엽의 형상과 색・향・미를 평가하면, 엽저의 항목은 자연히 예측할 수 있기 때문이다. 그러나 같은 종류의 차를 비교하거나, 고품질의 차엽을 평가할 경우에는 엽저 상태의 비교가 큰 역할을 한다.

심사결과 기록 심사결과를 표시하는 방법에는 계분법計分法・분급법分級法・순위법順位法 등 여러 가지가 있다. 일반적으로는 상・중・하 또는 A・B・C로 나누어 기재한다. 동급품의 비교 기록은 폭을 더 넓혀서 평가한다. 예를들면, A・A+・A++ 혹은 A-・A-- 등으로 기재한다.

〈동정오룡차 품질평가표〉

평가 항목	외관	탕색	향기	맛	엽저	총평
기준 점수	20	10	30	40	적합/부적합	100
동정오룡차 A						
동정오룡차 B						
동정오룡차 C						
평가 일 :				평가자 명 :		

4) 차량과 수온 침투시간 실습

차인에게 있어 차의 품질을 평가하는 실습과는 별도로 이미 지정된 차의 적합한 포다 기준을 찾아내는 실험은 더욱 중요하다. 이 실험은 포다 3요소인 차량·수온·시간의 상관관계에 의한 최적의 포다 기법을 찾아내어 중국차의 포다능력을 배양하는 것을 목적으로 한다.

이러한 실습 목적을 달성하기 위해서는 차가 가지는 특성에 따라 다른 기준이 설정되어야 한다. 불발효차인 녹차와 발효차인 오룡차 계열은 포다 기준을 달리하여야 한다. 녹차는 발효가 없거나 매우 낮고, 유념상태가 가볍기 때문에 포다의 물 온도는 낮고 포다 시간은 길어진다. 반면 오룡차 계열은 포유 정도에 따라 포다시간이 결정되어야 한다. 포유정도가 약한 풍성한 차는 추출 시간이 짧아질 수밖에 없고, 긴밀하게 말려진 차는 추출시간이 길어야 성분이 우러난다. 실습은 정확한 데이터를 추출해 내는 것이 목적이므로, 차량은 부피가 아니라 무게로 기준을 삼는다.

(1) 실습 방법

실습 단위를 6개조로 나눈다. 각 조는 지정된 차를 이용하여 각각 2회를 추출한다. 각조는 각 회 별로 색·향·미에 대한 평가를 기록한다. 추출 실험시 용기를 예열하는 과정을 거친다. 지정된 차의 양으로 어느 정도의 시간과, 물온도로 차를 우렸을 때 최적의 차 맛을 낼 수 있는가를 찾아내는 실습이다.

① 차호 : 품평 용기 150cc

② 차엽 : 포유된 오룡차 계열(철관음, 고산오룡 등)

③ 차량 : 10g

④ 수온 : 95도 / 90도

⑤ 시간 : 제1회 추출－45초/ 1분 / 1분 15초

제2회 추출－35초/ 50초 / 1분 5초

⑥ 실습 배정표

1조 : 10g / 95도 / 45초

2조 : 10g / 95도 / 1분

3조 : 10g / 95도 / 1분 15초

4조 : 10g / 90도 / 45초

5조 : 10g / 90도 / 1분

6조 : 10g / 90도 / 1분 15초

(제2회 추출은 2회 추출의 시간대로 실습한다.)

⑦ 평가표 작성

〈1조, 1회차 추출 평가표〉

차량	수온	추출시간	실습자 명	색	향	미	호감도
( )g	( )도	( )초	실습자 1				
			실습자 2				
			실습자 3				
			실습자 4				
			총점				

(평가점수 : 색 · 향 · 미 각 1~10점)

〈1조, 2회차 추출 평가표〉

차량	수온	추출시간	실습자 명	색	향	미	호감도
( )g	( )도	( )초	실습자 1				
			실습자 2				
			실습자 3				
			실습자 4				
			총점				

(평가점수 : 색 · 향 · 미 각 1~10점)

2. 다구의 종류와 사용

차의 세계는 매우 광범위하다. 차 자체를 어떻게 제조하고 선별하며, 이 차를 어떻게 우릴 것인가? 그리고 차 한 잔을 어떻게 대접할 것인가? 라는 기능적인 측면 뿐만 아니라, 차를 통해서 생활의 품격을 고양시키고, 심리적인 안정과 내면적 즐거움을 얻을 수 있는 정신적인 측면이 모두 포함된다. 차 한 잔을 우려내기 위해서는 필수적으로 다구를 필요로 한다. 다구는 그 기능성뿐만 아니라 시각적 효과와 예술적 아취가 있어야 한다.

우선 중국다예에서 사용되는 다구는 무엇이 있으며 다예를 위한 다구의 조합은 어떻게 이루어지는가를 이해하고, 다구를 능숙하게 활용할 수 있어야 한다. 이 장에서는 포다 과정에서 필요한 각종 다구에 대한 정확한 지식을 터득하고, 다예에 필요한 다구의 배치 및 사용법을 연구하여 실습하기로 한다.

1) 다구의 종류

(1) 준비 다구

자수기煮水器 물을 끓이기 위한 도구이다. 옛날에는 소박하면서 중후한 도기나 쇠로 만들어진 주전자가 사용되었으나 현대에는 열전도성이 높은 금속으로 만든 주전자를 주로 사용한다. 다만 금속의 이온이 차향에 영향을 미칠 우려가 있으므로 강화유리를 사용한 유리 주전자를 이용하기도 하며, 주로 전기포트 형식으로 되어 있다. 뜨거운 물이 많이 필요한 중국차에서는 언제나 뜨거운 물을 끓일 수 있는 전기포트가 편리하다.

전기 자수기

차통茶罐　찻잎을 보관하는 것으로 도자기나 주석이 좋지만, 편리성 측면에서 알루미늄 통이나 양철과 종이로 만든 것이 좋다. 플라스틱이나 유리제품은 적합하지 않다. 플라스틱은 냄새가 차에 스며들 수 있으며, 유리는 햇빛에 노출되면 찻잎이 산화하여 변색되기 쉽다.

차를 보관하기 위해서는 일정한 낮은 온도에서 직사광선이 들어오지 않는 곳이 적당하다. 습기가 많은 무더운 여름에는 밀봉하여 냉장고를 이용하는 것이 안전하다.

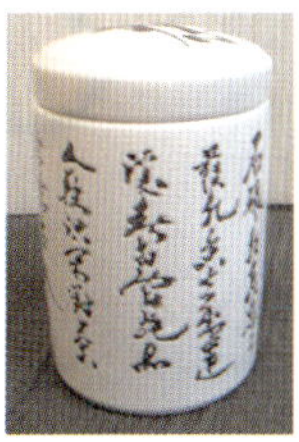

차하茶荷　하荷란 싣거나 얹는다는 의미가 있다. 차통의 차를 꺼내어 차호에 넣기 전에 찻잎을 놓아두는 도구로 사용된다. 차하에 덜어놓은 차를 살펴서 차의 상태를 점검하거나 손님들에게 차를 감상하게 할 때 사용한다.

차시茶匙　차시는 차수저로 가늘고 긴 소형의 귀이개 같은 물건이다. 차하의 찻잎을 차호에 조금씩 넣기 위한 도구이다. 또 차를 다 마신 후에 차호 속의 우린찻잎을 긁어내는 것으로도 사용한다. 찻잎의 모양에 따라서 차통에서 차하로 차를 옮길 때 사용하기도 한다.

(2) 포다다구

차호茶壺 우리의 다관을 말한다. 찻잎을 넣고 뜨거운 물을 붓고, 뚜껑을 덮고서 차를 우려내는 다기이다. 차를 마시는 사람의 수에 따라 크기가 결정되지만, 일반적으로 작은 차호를 사용해야 밀폐성을 높일 수 있다. 자사나 자기·유리 등으로 만들어지는데, 차의 종류와 특성에 맞추어 선택된다.

차선茶船 차호를 따뜻하고 안정감 있게 하기 위해 사용하는 차호 받침이다. 차호에서 물이 흘러내려도 차선을 사용하면 청결한 찻자리를 유지할 수 있다. 일반적으로 차호와 같은 재질로 만들어 진 것을 사용한다.

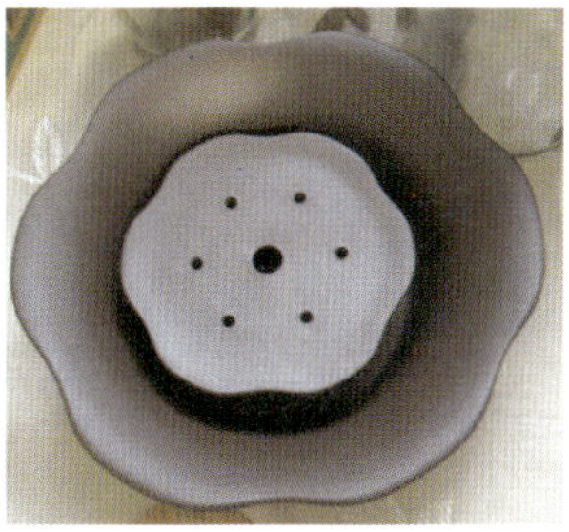

개치蓋置 우리의 뚜껑받침에 해당한다. 차를 우리는 과정에서 차호 뚜껑을 내려놓을 때 받침으로 사용된다.

차건茶巾 차호나 차충에 묻은 물기를 닦아내는 대에 사용하는 차수건이다.

계시기計時器 차를 우려 내는 시간을 측정하는 시계이다.

개완잔蓋碗盞 뚜껑이 있는 찻잔이다. 차를 마시는 기구인 동시에 차를 우리는 기구이다. 차호와는 달리 차를 넣을 때 편리하고 보관과 관리도 간단하다. 일반적으로 녹차나 백차·황차 계통의 차를 우려내기에 적합하고, 개인용으로 활용하면 편리하다.

(3) 봉차다구

차충茶盅·茶海 차충·차해 또는 공도배公道杯라고도 한다. 우려낸 차를 고르게 찻잔에 분배하기 위해 사용된다. 차호에서 우린 차를 먼저 차충에 따른 후 다시 찻잔에 따르게 된다. 차충에 거름망이 설치된 것을 사용하면 편리하다. 자사호나 자기·유리로 된 것이 있으나 그 날 선택된 차호와 재질을 맞추도록 한다.

차배茶杯 차를 마시기 위한 찻잔으로 음용배飮用杯 또는 품명배品茗杯라고도 한다. 보통 자사나 자기를 사용한다. 다양한 크기가 이용되고 있으나 한국의 찻잔보다는 작은 찻잔이 선호된다.

차탁茶托 찻잔받침이다. 찻잔의 재질에 따라 선택되지만, 대나무나 나무를 사용하기도 한다. 차탁은 한 손에 들을 수 있는 작은 크기가 좋다.

봉차반奉茶盤 차예에 사용되는 쟁반으로 찻잔을 나를 때 사용한다. 대나무 재질로 만들어 진 것이 가볍고 편리하다.

문향배聞香杯 차의 향을 음미하기 위한 도구이다. 길죽한 모양의 문향배와 일반 품명배가 하나의 세트로 구성된다. 차를 따를 때 먼저 문향배에 따른다. 문향배의 차를 다시 품명배에 따르고, 문향배에 배어 있는 향을 음미하는 기구이다. 형태는 가늘고 길어서 찻잔과는 쉽게 구분된다. 문향배에 직접 입을 대지 않도록 한다.

(4) 기타 다구

수우水盂 퇴수기를 말한다. 남은 물이나 찻잎을 버리는 그릇으로 주로 자기나 자사로 만든다.

차반茶盤 주로 자기나 대나무로 만들어 지며 아래로 물이 흘러내려가게 만들어져서 차호를 사용할 때 물이 넘쳐흘러도 불편함이 없다. 대나무로 만들어진 경우는 호스를 연결하기도 하며 자기로 만들어 진 것은 다선의 역할을 하기도 한다.

2) 포다기의 세부 명칭

차호의 각 부분을 우리말로는 몸체 · 뚜껑 · 손잡이 · 부리 등으로 부르면 간단하지만, 중국의 차호를 구입하거나 차호에 대한 구체적인 지식을 습득하고 싶을 때, 중국에서 사용되고 있는 용어를 알아두는 것이 편리할 것이다.

(1) 차호

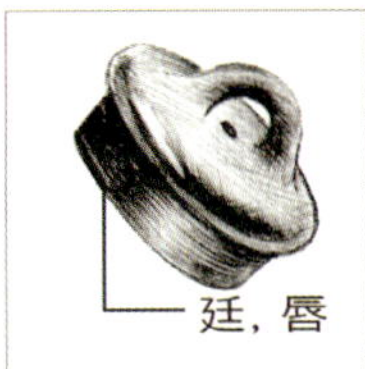

차호는 뚜껑 · 몸체 · 호저壺底로 구성되어 있다. 뚜껑은 기공氣孔 · 개뉴蓋鈕 · 개연蓋延으로 나누고, 몸체는 호구壺口 · 호견壺肩 · 호복壺腹 · 호류壺流 · 호취壺嘴 · 호파壺把로 나뉜다. 호저는 호족壺足 · 정족釘足으로 나눈다.

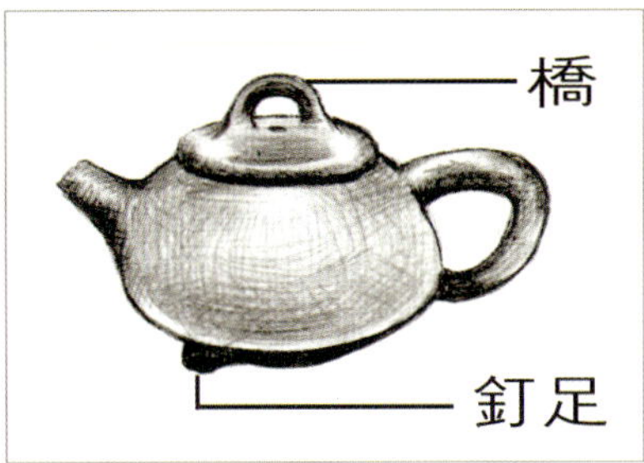

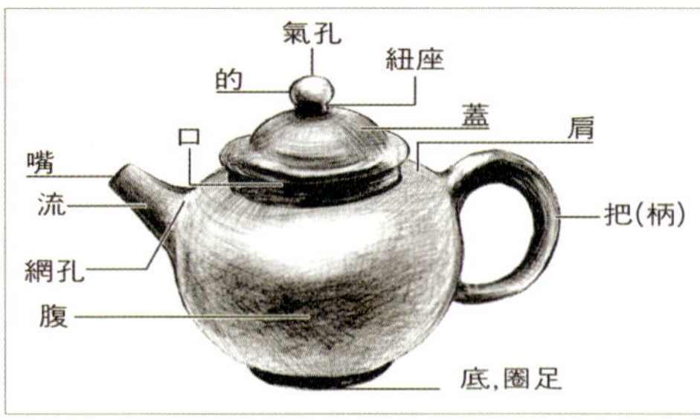

(2) 개완蓋碗

개완은 개뉴蓋鈕・잔개盞蓋・잔신盞身・잔탁盞托・잔각盞脚으로 구성되어 있다. 잔받침・잔・뚜껑으로 불러도 무방할 것이다.

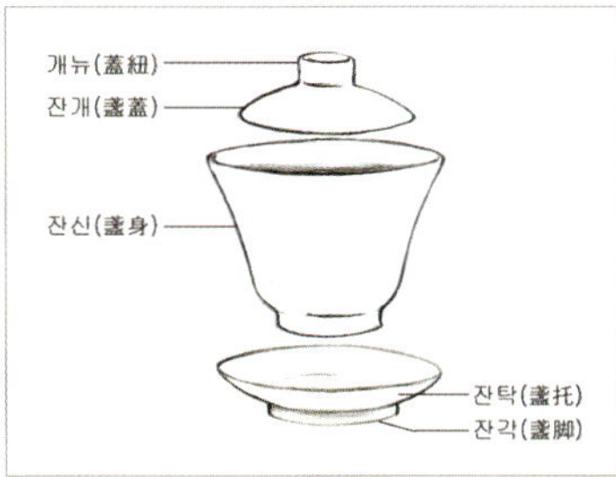

3) 다구의 배치

(1) 다구배치의 원리

기능성 포다자가 원활한 움직임을 가질 수 있도록 각 다구의 쓰임새에 맞는 위치를 기준으로 삼아야 한다. 또한 포다 순서에 입각하여 포다자의 동선이 산만하지 않도록 배치한다.

안정성 포다자가 포다과정에서 다구가 서로 부딪치지 않는 일정 간격을 유지하면서도, 팔을 뻗어 도구를 잡을 때 불편하지 않을 정도의 거리 내에 배치한다. 다구는 포다자가 정좌하여 사용 가능한 위치에 두어야 한다.

균형성 전체적으로 조화를 이루어야 한다. 무게감과 부피감이 왼편이나 오른편에 치우치지 않도록 배치한다. 포다자가 왼손을 사용하는 다구는 왼편에, 오른손을 사용하는 다구는 오른편에 배치한다.

예술성 다구의 배치는 무엇보다 아름다워야 한다. 차석에 배치된 다구와 함께 차석의 분위기를 살려줄 수 있는 장식은 단아하고 간결하게 하여 전체적인 조화를 이루어야 한다. 장식이 너무 크거나 화려하여 다구의 아름다움을 가리지 않도록 배려한다.

(2) 다구별 위치

소호다법을 위한 다구배치는 차를 우릴 때 포다자가 가장 편리하고 안정감 있는 동선을 갖게 배치한다. 오른손과 왼손을 유기적으로 사용할 수 있도록, 오른손을 사용하여 가져와야하는 다구는 오른쪽에 배치하고, 왼손을 사용하여 가져와야하는 다구는 왼쪽에 배치하며 주다구인 차호는 정면에 배치한다. 전체적인 모습이 한쪽으로 치우치지 않도록 조화와 미관을 고려하여야 한다.

(3) 차호 잡는 법

소호다법에서 사용되는 차호는 400cc이하의 크기이므로 한 손으로 잡는다. 아래의 그림처럼 차호 뚜껑의 개뉴 부분을 검지손가락으로 누르고 나머지 손가락으로 손잡이를 잡으면 자유자재로 움직일 수 있다. 400cc이상의 큰 차호는 양손을 이용한다. 오른손으로 손잡이를 잡는데, 손잡이 구멍에 손가락을 넣는 방식을 취하지 말고 엄지로 받치고 나머지 손가락을 가지런히 하여 잡는 방식을 취한다. 왼손의 검지손가락으로 뚜껑의 개뉴 부분을 누르고 나머지 손가락을 가지런히 접으면 단정하고 안정감 있어 보인다.

차호 잡는법

차충 잡는법

개완을 차호로 이용할 때 잡는법

3. 중국 생활다예

1) 소호다법의 특징

소호다법은 현대중국 포다법 중 가장 합리적이고 일반적인 형태의 중국차 포다법이다. 작은 차호를 이용하여 여러 번 차를 우려내는 방법으로, 차의 최적의 맛을 추출하는 기능성을 최대화하였다. 과장된 움직임을 지양하고 절제되고 정돈된 아름다움과 예술성을 표현할 수 있는 생활차로서의 다예시연에 적합하게 연구된 포다법이다. 이 장은 소호다법의 작법을 수련하여 중국차 다예를 시연할 수 있는 능력을 갖는 것을 목표로 하였다.

중국차는 오랜 역사를 가지고 있다. 중국차는 그 종류의 폭이 매우 넓으므로 지역과 차의 특성에 따라 다양한 포다법이 실생활에서 활용되어 왔다. 중국의 차인들은 차 한 잔을 어떻게 우릴 것인가에 대해, 각 포다 과정에 문화적인 의미를 부여하고, 차를 우리고 차를 마시는 것을 단순 음다행위에서 종합적인 예술행위로 고양시키려는 노력을 해 왔다.

이러한 과정에서 중국남부 지역을 중심으로 다예茶藝가 만들어졌다. 그러나 다예는 지나치게 과장된 움직임과 화려하고 사치스런 무대화된 기예로 발전하였다. 따라서 일반인이 점점 다예에서 멀어지거나 다예를 일종의 볼거리로 인식하게 되었다. 따라서 중국 차인들은 실생활에서 언제나 사용할 수 있으면서도 고아한 품격을 나타낼 수 있는, 좀 더 합리적인 다예의 필요성을 절감하게 되었다. 이러한 움직임은 대만에서 먼저 일어났다.

1980년 대만에 '륙우다예중심陸羽茶藝中心'이라는 다예 연구 교육기관이 탄생하였다. 이곳에서는 그동안 중국남부에서 유행하고 있던 '공부차' 포다법을 기초로 하여 여러 가지 수정을 거친 후, 소호다법을 정립하여 교육하기 시작하였다. 소호다법은 기존의 공부차의 합리성을 그대로 채용하고, 그 위에 다예를 수련하는 과정에서 얻을 수 있는 개인의 내면적 수양을 쌓아가는 '도道'적인 측면을 고려하여 만들어진 중국차 포다법이다. 소호다법은 현재 대만뿐만 아니라 중국 전역에 널리 전파되었으며, 중국의 많은 다예교육기관에서 교육되고 있는 기초 생활다예 포다법이다.

소호다법은 약 400cc 이하의 차호, 50cc 이내의 찻잔을 이용하여 한 번 넣은 차를 여러 번 우려 마시는 포다법이다. 찻잔은 한 잔 · 두 잔 · 넉 잔 · 여섯 잔 등 짝수 기준으로 준비한다. 기존의 공부차에서는 넓고 큰 차선 안에 차호를 놓고 물을 흘려가면서 예열하고 포다하는 방식이었으나, 소호다법은 물을 흘리는 과정을 최소화시켜서 차석의 미감을 높였다.

또한 포다법의 기준을 최적의 차 맛에 둠으로써 과학적인 연구를 토대로 만들어진 포다법이다. 따라서 차를 계량하고, 포다 시간을 측정하는 데 정확한 방식을 선호하게 되므로 계시기(초시계) · 온도계 등을 적절히 사용한다.

소호다법의 포다 과정에서 포다자는 과장되거나 불필요한 기교적 동작을 지양하고 단아하고 고요한 움직임을 추구한다. 양손을 균형있게 사용하며 유연하고 고요한 동작을 할 수 있는 다구배치를 하여 포다자의 건강과 손님들에게 안정감을 줄 수 있도록 배려하였다.

2) 소호다법의 포다예절

(1) 포다자의 자세

머리 머리를 뒤로 젖히거나 고개를 숙이지 않는다. 시선은 정면을 보거나 조금 아래로 향하게 한다. 편안하고 안정된 밝은 표정으로 포다에 임한다.

등 등은 자연스럽게 펴고 단정한 모습을 유지한다. 의자에 기대어 앉거나 테이블에서 떨어져 앉아 팔의 움직임이 부자연스럽지 않도록 한다.

어깨 양어깨를 편안하게 내린다. 어깨를 올리고 있으면 지켜보는 사람에게 긴장감을 주게 된다. 차호를 잡고 있을 때나 차를 따를 때 한쪽 어깨를 지나치게 올려서 몸이 기울지 않도록 주의한다.

손 포다 중이 아닐 때는 양손은 테이블에 가지런히 올린다. 한 손을 움직일 때는 다른 손은 같이 따라가지 않고 편안하게 테이블 위에 올려놓는다. 이 때 가볍게 주먹을 쥔다.

동작 질서있는 미감을 가져야 한다. 움직임이 산만하지 않도록 평소에 포다법을 숙련시킨다. 과장된 움직임은 편안한 찻자리를 만들 수 없다.

(2) 봉차예절

적당한 거리 만일 손님이 차를 우리는 테이블에 함께 앉았을 경우에는 봉차반을 이용해 차를 나르지 않고 직접 손님 앞에 차를 옮겨놓는다.

봉차의 위치 손님의 정면에서 봉차할 경우 손님은 봉차반에 놓여진 찻잔 중 가장 가까이 있는 것을 든다. 측면에서 봉차할 경우 일반적으로 오른 손을 사용하므로 손님의 왼편에서 봉차하여야 손님이 편안하게 찻잔을 들 수 있다. 손님과 손님이 가깝게 나란히 앉아있을 경우, 한 손님에게 측면에서 봉차한 후 다른 손님에게는 다른 쪽으로 가서 측면에서 봉차할 수도 있다. 너무 형식에 얽매이지 말고 손님이 편안하게 차를 들 수 있는 위치를 기준으로 삼는다.

×

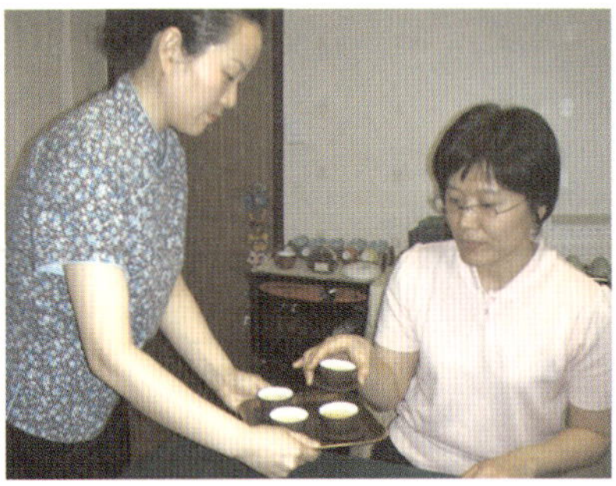

손님이 불편한 봉차

○

바른 위치에서 봉차

차충 봉차 두 번째 차를 봉차 할 경우는 봉차반에 차충이나 공도배와 차건을 올리고 봉차한다. 손님의 정면이나 우측에서는 오른손으로 따르고 손님의 좌측에서는 왼손으로 따른다.

인사 봉차반을 들고 가서 손님에게 가볍게 목례한다. 손님이 찻잔을 들면 "차 드십시오" 라고 말한다.

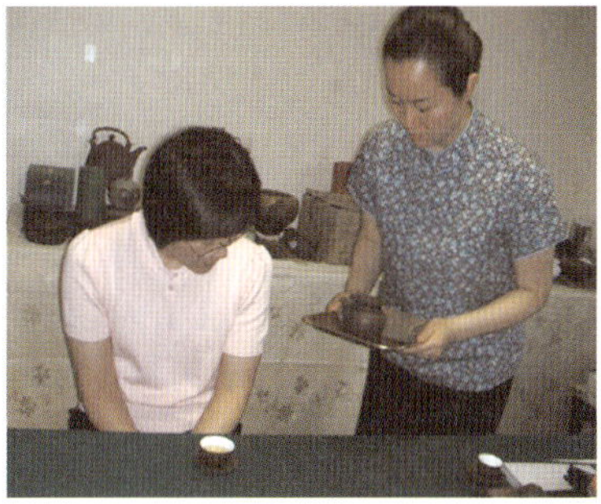

(3) 차 마시기 예절

주인이나 보조자가 봉차반에 차를 들고 와서 권하면 가볍게 목례하고 직접 찻잔을 든다. 이때 차탁과 함께 들어 올려 왼손에 차탁을 들고, 오른손으로 찻잔을 감싸 쥐고, 차탕의 색과 향을 음미하고 나서 한 모금 마신다. 마신 차탕을 입에 머금고 맛과 향을 감상한 후 서서히 나누어 마신다. 다 마신 후 찻잔에 남은 은은한

향을 감상한다.

중국의 음식점이나 찻집에서 차를 마실 경우, 테이블에 주전자(Tea pot)가 함께 놓여 있으면, 주전자 손잡이를 오른손으로 잡고 왼손으로 뚜껑을 누르면서 조용히 따른다. 차를 더 원할 경우 티포트(또는 차충이나 공도배)에 차가 없으면 뚜껑을 열어 놓거나 뚜껑을 뒤집어 놓으면 점원이 다시 차를 채워준다. 또한 한 음식을 먹고 다른 음식을 먹을 경우, 입 속의 음식의 향과 맛을 제거하기 위해 차를 한 모금 마신 후, 다른 음식을 먹어야 중국 음식의 진가를 맛 볼 수 있으므로, 중국 음식점에는 언제나 차가 준비되어 있다.

3) 소호다법의 실재

소호다법은 차석에서 손님에게 차를 내는 전 과정을 24단계로 구분한다. 평소에 배치된 차석에 앉아 다구와 물을 준비하고 포다를 알리는 인사를 시작으로 포다를 하며, 포다가 끝나고 다구를 정리하는 전 과정을 살펴본다.

(1) 다구 준비[備具]

소호다법의 다구 배치는 포다의 중심이 되는 주요다구는 차를 우리는 사람의 바로 앞, 보조다구는 오른쪽, 전기포트나 보온병 등의 물기구는 왼쪽에 배치한다. 포다에서 사용하는 모든 다구는 테이블 위의 안쪽 범위에 놓아서 포다자泡茶者가 동작하기 편리하게 한다. 봉차반 위에는 찻잔받침과 찻잔이 놓여진다.

다구는 평상시 기능성과 미관을 위해서도 항상 배치되어 있도록 하여 언제든지 사용할 수 있어야 한다.

차를 우릴 준비를 할 때는 봉차반의 찻잔을 뒤집어서 주요다구의 위쪽에 나열해 놓는다. 그리고 차건을 들어 주요다구의 오른쪽 아랫방향에 놓는다, 이것은 곧 포다를 시작한다는 표시이다.

(2) 물 준비(備水)

차호를 뒤로 옮겨놓고 전기포트를 중간에 옮긴 후 물을 채운다. 포다자가 안정감 있게 동작할 수 있으며 다구를 보호하기 위해서이다. 물 준비를 마치면 준비가 완료된다. 만일 정식 다예 시연인 경우에는, 이때 일어나서 손님들에게 인사하여 다도 시연 시간이 된 것을 알린다.

(3) 온호溫壺

차를 차호에 넣기 전에 우선 차호를 따뜻하게 하는 것을 말한다. 온호를 하여야 차를 우리는 물의 온도를 차호가 빼앗아가는 것을 막을 수 있다. 물은 10~15cm 위에서 따르고 차호의 80% 정도만 부어도 충분하다. 너무 높은 곳에서 물을 따르면 행동이 과장되어 보이고, 너무 낮게 따르면 차호를 손상시킬 수

있다.

뚜껑을 다시 덮은 후, 약 30초가 경과되면 차충의 뚜껑을 열어 가운데 개치에 올려놓는다. 뚜껑을 움직이는 손의 동작은 부드러운 원을 그리도록 한다. 한 손을 사용할 때 다른 손은 살짝 주먹 쥐어 테이블 앞에 올려놓는다.

온호는 포다가 시작되는 첫 번째 동작이다. 이때부터는 항상 왼손으로 물주전자를, 오른손으로 차호茶壺를 잡는다. 좌우 균형 있게 동작하여 신체 건강상 좋은 이점이 있으며, 손님들이 편안하게 감상할 수 있다.

(4) 차 준비[備茶]

온호가 되는 동안, 포다자는 차통을 들고 와서 적량의 차를 차하茶荷에 따른다. 이때 차의 양은 차의 종류나 특성에 따라 결정된다.

우선 오른쪽에 놓여있는 차통을 오른손으로 들고 와서 왼손에 옮겨 잡은 후, 오른손으로 뚜껑을 열고, 차통 뚜껑과 차통을 오른 쪽에 놓아둔다. 그런 다음 차하를 오른손으로 들고 와서 왼손에 옮겨 쥐고, 오른손으로 차통을 들고 와서 차하에 직접 차를 덜어낸다. 차의 모양이나 크기가 직접 덜어내기 불편한 풍성한 크기 일 경우에는 차하를 정면에 놓아두고 차통을 왼손으로 잡고, 차시를 가져와 차하에 조금씩 덜어내는 방법을 사용한다.

(5) 차의 점검[識茶]

차 준비가 완료되면 포다자는 양손으

로 차하를 들어, 차엽의 상황을 자세하게 점검한다. 위조의 경중, 유념의 정도, 홍배의 장단, 차엽의 보관상태 등을 점검한다. 이 과정을 통해서 차의 상태에 따라 수온을 결정하거나 다엽 성분의 유출시간을 측정할 수 있다. 보다 정확하게 차를 판단해야 최적의 차 맛을 낼 수 있다.

(6) 차엽감상(賞茶)

포다자가 차 점검을 마치면, 차하에 담겨진 차를 손님들에게 돌려서 차를 감상하게 한다. 손님은 차하를 받아들고 상반신을 약간 숙여서 목례를 한 후, 찻잎의 외형과 색상, 말린 정도, 백호의 상태 등 찻잎이 가진 특성을 감상한다. 이때 주인은 손님에게 이 차에 대한 정보를 간략하게 설명하거나, 이 차에 관한 에피소드 등을 이야기해도 된다.

손님은 차를 감상하되 자신의 주장을 내세워 비평하거나 차에 대한 부정적 의견을 피력하지 않도록 한다. 손님은 포다자가 보여주는 오늘의 차의 미관을 감상할 뿐, 비평하지 않는 것이 예의이다. 감상을 마치면 다른 손님 앞에 차하를 옮겨서 다른 사람이 직접 차하를 들어 감상할 수 있게 해 준다. 찻자리에 어른이 있으면 어른이 먼저 감상하게 하고, 동년배일 경우는 포다자 가까이 있는 사람이 먼저 감상한다.

감상을 마치면 마지막 사람이 차하를 들어 포다자가 사용하기 편리하게 포다자의 손이 미치는 곳으로 옮겨 놓아준다. 차를 감상할 때 손으로 만지거나, 입김이 미칠 정도로 가까이 가져가 냄새를 맡거나, 손바

닥에 옮겨놓는 일이 없어야 한다.

(7) 차충 예온(溫盅)

손님이 차를 감상하는 동안 포다자는 차호에 들어있는 뜨거운 물을 차충에 따라서 차충을 예온한다. 차호나 차충을 들어 움직일 때는 차건 위에 살짝 올려서 다기 바닥에 묻은 물기를 흡수시킬 뿐 아니라, 차건 위에서 물을 따르기 쉬운 자세로 손가락을 바꿔 쥔다. 차호를 들어 올릴 때의 손모양은 손잡이를 엄지손가락으로 받치고 나머지 네 손가락으로 잡아서 들어올린다.

차건 위로 옮긴 후 물을 따르기 쉽게 검지 손가락을 차호 뚜껑의 꼭지 부분에 올리고 나머지 손가락으로 손잡이를 잡는 방식을 취해야, 안정감있게 물을 따를 수 있다. 물을 따르고 나서 다시 원래의 위치로 옮겨놓을 때도 마찬가지로 차건 위에서 손을 바꿔 쥔다.

차충예온의 목적은 예온 뿐 아니라 차충의 용량을 측정하는 것이다. 차호에서 우린 차탕의 용량을 차충이 어느 정도 소화 가능한지 예온수를 부어보고 체크해 볼 수 있다.

(8) 차 넣기(置茶)

손님들에게로 건너간 차하가 돌아오면, 포다자는 차엽을 차호에 따른다. 이때, 차하 · 차시 · 찻솔 등 여러 기구를 사용하게 되는데, 부드럽고 유연하며 안정감 있는 동작을 요한다. 차하에 담은 차엽의 양이 필요량보다 적으면 차통을

들고 와서 보충하고, 많으면 다시 차통에 담는다. 차통의 뚜껑은 이때가 되어서야 닫는다. 예온된 뜨거운 차호의 뚜껑을 열어 개치에 놓은 후 차가 담긴 차하를 가져와 왼손으로 잡고, 차시를 이용해 차를 차호에 넣는다. 차시는 원위치에 놓고 찻솔을 가져와 차하에 남겨진 부스러기 등을 깔끔하게 정리한다.

다구를 사용할 때는 정성스런 마음을 이입하도록 한다. 다구는 이용하는 기물에 지나지 않는 것이 아니라, 차인茶人의 정서가 깃들어 있는 물건이다.

(9) 문향聞香

예온된 뜨거운 차호 속에 찻잎을 넣고 잠시 후 문향을 한다. 이때 포다자는 차호를 오른손으로 들고 뚜껑을 열어 향을 감상한다. 이상한 냄새가 나지 않는지, 차가 보관과정에서 상하거나 이상 증세가 나타나지 않았는지를 체크한다. 그런 다음 손님들에게 뜨거운 차호 속의 차향을 감상하게 한다.

손님들도 문향을 할 수 있도록 차호 뚜껑을 덮고 손님 앞에 놓아 준다. 손님은 차호를 들어 뚜껑을 열고 차의 숙향을 감상한다. 다만 손님은 차에 대한 부정적인 품평을 말하지 않는다. 첫 번째 손님이 문향이 끝나면 두 번째 손님에게 차호를 옮겨준다. 이때 손잡이가 손님 오른쪽으로 가게 하여 손님이 차호

를 들기 편하게 배려해 준다. 마지막 손님은 차호를 들고 뚜껑을 누른 후 한번 아래위로 흔들어 준 후 문향한다. 숙향이 이미 많이 날라 갔기 때문이다. 손님은 문향한 후 향에 대한 감상을 주제로 대화를 나눈다.

(10) 첫 번째 차〔第1泡〕

문향한 차호가 돌아오면 주인은 첫 번째 차를 우리기 시작한다. 이때 포다자는 복장·동작·자세를 스스로 점검한다. 우선 오른손으로 차호 뚜껑을 열어 개치에 올려놓고, 왼손으로 물을 붓는다. 이때 물이 차호 밖으로 넘치지 않도록 한다.

(11) 시간 측정〔計時〕

차호 안에 뜨거운 물을 넣고 뚜껑을 닫은 후, 계시기를 눌러 시간을 측정하기 시작한다. 차의 성분이 우러나는 적정 시간을 사전에 파악해 두고, 이에 맞는 정확한 시간을 지키기 위해 계시기를 사용한다. 아무리 멋진 다구와 공간을 갖추었더라도 차의 맛이 좋지 않다면 의미가 없다.

(12) 찻잔 예온〔燙杯〕

차의 성분이 우러나오는 동안, 차충에 들어있는 예온수를 찻잔에 따른다. 찻잔을 따뜻하게 하는 효과와 청결하게 하는 효과를 동시에 얻을 수 있다.

(13) 차 따르기〔倒茶〕

차가 최적의 농도로 우러나온 후, 차호의 찻물을 차충에 붓는다. 차를 따를 때는 서서히 여유 있게 따른다. 너무 급히 쏟아 붓는 느낌을 주지 않도록 한다.

(14) 찻잔 준비〔備杯〕

찻물을 차충에 다 따르고 나서, 찻잔에 들어있는 예온수를 퇴수기에 버린다. 이때 물을 버리고 나서 찻잔을 차건 위에 살짝 대어 남아있는 물기를 닦고, 봉차반 위의 잔받침에 놓는다. 순서는 기준잔(봉차반 왼편 밖의 잔)을 중심으로 오른쪽으로 원을 그리는 순서이다.

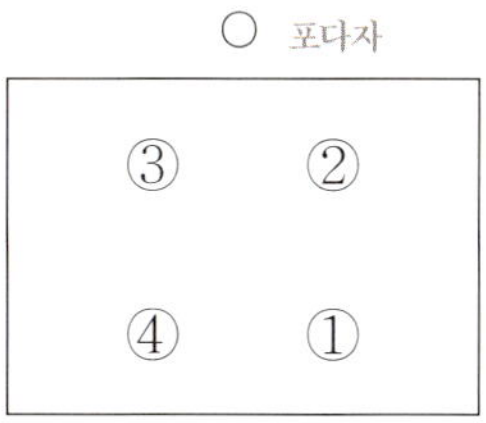

찻잔순서

소호다법이 추구하는 동작의 아름다움은 '편안하게 · 고요하게 · 원만하게 · 부드럽게 · 리듬있게 · 끊김없이'이다.

(15) 찻잔에 차 따르기〔分茶〕

차충을 사용하였으므로 어느 잔이든 균일한 농도의 차가 된다. 차를 따를 때도 기준잔을 중심으로 안쪽으로 원을 그리는 순서이다.

(16) 봉차奉茶

봉차반의 차를 손님들에게 올린다. 손님이 받아들기 편한 위치와 자세로 임하며 차를 권하는 인사를 한다. 봉차반에 남아 있는 찻잔이 언제나 균형을 잃지 않도록 한다. 즉 첫 번째 손님이 잔을 들었으면 봉차반에는 석 잔이 남는다. 이때 봉

차자는 봉차반 위의 잔이 안정감 있게 놓이도록 잔을 옮겨 정리한 후, 다음 손님께 봉차한다. 봉차가 끝날 때까지 봉차반에 남겨진 찻잔은 언제나 균형을 이루어야 한다. 마지막 잔은 포다자 자신이 마시는데 자신이 낸 차 맛을 보고 차를 점검하여 더욱 정진하도록 한다.

(17) 두 번째 차〔第2泡〕

두 번째 차는 첫 번째 차의 상황을 참고하고 수온이나 시간을 조정하여 최적의 차 맛을 낼 수 있도록 한다. 포다자가 손님들이 첫 번째 차를 다 마실 때 쯤, 두 번째 차를 준비한다.

(18) 차충으로 봉차〔茶盅奉茶〕

두 번째 차가 완성되면 봉차반에 차건과 차충을 올려서 손님들에게 낸다. 차충에 들어 있는 차탕을 손님들의 찻잔에 따르고, 차충을 차건에 살짝 올렸다 놓아, 혹시 남아있을 물기를 제거한다.

여러 번 차를 내었으면, 손님에게 가벼운 다식을 내거나 음악 감상 · 향 감상 시간을 갖기도 한다.

(19) 엽저 정리〔賞葉底〕

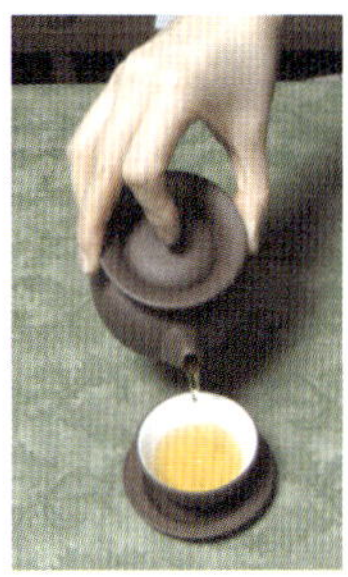

차 내기를 끝내거나 다음 차로 바꾸려고 할 때, 엽저를 정리한다. 이때 엽저를 조금 남겨서 차호를 받치고 있던 차선茶船 위에 올려 손님에게 감상시키기

도 한다. 이 우린 잎을 통해서 차가 적당한 시기에 채집되어 잘 만들어졌는지를 평가할 수 있다.

차호의 엽저는 차시를 이용하여 퇴수기에 버린다. 차호에 물을 부어 조금 흔들어 준 후 차선에 물을 쏟아 부으면, 나머지 우린 잎이 함께 차선으로 나오게 된다. 우린 잎을 버린 차호는 차충 뒤에 잠시 놓아둔다.

차호 뚜껑에 붙어있는 엽저도 차선에 살짝 담구어 떼어낸 후, 차호 뚜껑을 닫는다. 차시를 이용해 엽저를 한 방향으로 모았다가 차선을 들어 퇴수기에 붓는다.

(20) 차호 정리 및 감상〔茶器之美〕

특별한 차호나 주인이 아끼는 차호를 사용하여 차를 내었을 때에는, 그날의 차호를 손님들에게 감상시킨다.

봉차반에 차호를 올린 후 손님들에게 가져다준다. 손님이 가까이 앉아 있을 때는 직접 차호를 건네주어도 된다.

(21) 제자리로 돌아오기〔時間把握〕

손님들이 집으로 돌아갈 시간이 되면 주인은 자리에 앉아 곧 오늘의 찻자리가 끝난다는 것을 나타낸다. 가장 적당한 찻자리 시간은 손님이 두세 명 일 때 한 시간정도이다. 손님이 많아도 최대한 2시간을 넘지 않도록 조절한다.

(22) 차충 정리〔淸盅〕

차충의 거름망을 꺼내어 차건에 올려놓고 차충에 물을 붓는다. 차충 내부를 헹궈 냄과 동시에 거름망에 차충의 물을 부어 깔끔하게 씻어낸다.

(23) 찻잔 거두기〔收杯〕

손님들은 주인이 정리를 끝내면 자신의 잔을 봉차반 위에 가져다준다. 이때 먼저 가져온 손님은 봉차반 안쪽에 잔을 놓아서 나중에 오는 사람이 잔을 놓기 편안하게 배려한다. 다만 손님이 어른이거나 어려운 관계일 때는, 주인이 직접 봉차반을 들고 가서 잔을 회수해 온다.

(24) 차석 정리〔茶席之美〕

계시기를 끄고 전기 물주전자의 스위치도 끄고 차건 등을 원래의 위치에 정리한 후, 찻자리가 시작될 때와 같은 구도로 다구가 정리되었는가를 확인한 후, 손님들께 인사한다.

4) 간이 생활차

(1) 개완다법

개완을 이용하여 차호와 찻잔의 역할을 동시에 하게 하는 방법은 집에서 혼자 차를 마실 때나, 여러 손님이 왔을 때 간편하게 차를 대접하는 좋은 방법이다. 중국의 차예관이나 고급식당 · 숙박업소에서도 사용되고 있다. 개완잔에 차를 넣고, 물을 부어 우려 마시는 방법이므로 물이 식지 않은 상태라면 예온을 할 필요가 없다.

한 번만 우려 마실 때 개완을 이용하여 최적의 차맛을 내는데 가장 핵심적인 사항은 차의 양을 결정하는 것이다. 차의 양의 기준이 되는 것은 개완 용량의 1.5%이다.

예) 150cc 크기의 개완 = 2.3g

개완의 용량에 맞는 차를 넣고 물을 부은 후 약 8분이 지난 후에 손님에게 낸다. 바로 손님에게 내면 차가 너무 뜨겁고 성분이 충분히 용해되지 않은 상태이기 때문이다. 차의 성분이 충분히 추출되는 데는 약 10분이 걸리며 10분 이상이 지나도 차가 더 이상 진해지지는 않는다.

두 번 우려 마실 때 손님이 개완잔에 다시 물을 부어서 더 마실 수 있게 하는 방법으로 중국의 고급식당에서 주로 사용한다. 이때 차의 양은 개완 용량의 3.5%를 기준으로 삼는다.

예) 150cc 크기의 개완 = 5.3g

㉠ 개완크기에 맞는 양의 차를 넣는다.

㉡ 차의 종류와 특성에 따라 물온도를 맞춰 개완에 반만 붓는다.

㉢ 2분 후 다시 조금 낮은 온도의 물을 붙는다. 손님이 차를 마실 때 너무 뜨겁지 않으면서도 차의 성분이 충분히 우러나게 하기 위해서이다.

㉣ 손님에게 낸다. 손님이 차를 마시게 될 때는 약 3분 정도 지났을 때이므로 차의 농도나 수온이 가장 적당하게 된다.

㉤ 손님이 차를 다 마셨거나, 시간이 지나 손님 잔의 차가 어느 정도 남아 있는 상태에서 차가 식었다면 두 번째 물을 붓는다. 뜨거운 물을 다시 부었으므로 개완의 뚜껑을 열어 놓아 물이 빨리 식도록 배려한다.

㉥ 손님이 차를 바로 다 마셨을 경우, 두 번째의 뜨거운 물을 부었다면 약 6분 정도 우려야 한다. 그러나 손님의 찻잔에 아직 찻탕이 남아있다면, 이미 성

분이 충분히 우러나 있는 상태이므로 뚜껑을 열어 물이 마시기 좋을 정도로 식으면 바로 마셔도 된다.

(2) 화차 · 공예차

화차는 쟈스민차 · 계화차와 같이 찻잎에 꽃향기를 흡착시켜 만든 차나, 국화차 · 장미차 등과 같이 꽃 자체로 만든 차를 말한다. 최근에는 다양한 꽃과 과일을 말려 만든 혼합화차도 인기를 끌고 있다. 화차는 주로 화차 자체의 아름다움을 감상할 수 있는 유리로 만들어진 차호나 개완잔을 이용하여 포다한다. 차의 양은 일반차 보다 약간 적게 넣는 것이 좋다.

쟈스민차〔茉莉花茶〕 쟈스민의 꽃은 매우 독특한 향을 지니고 있으며 동양에서 가장 오래된 꽃차이다. 청초한 꽃 모양에 관능적인 향기를 지니므로 옛날부터 향수나 차의 원료로 사용하고 있다.

쟈스민차의 제조 쟈스민차의 제조법은 이미 송나라 때 발명되었다고 한다. 중국은 쟈스민차의 원료가 되는 쟈스민속屬의 말리화를 전세계 재배면적의 2/3를 차지하고 있다. 꽃이 피기 직전의 꽃봉오리를 따서, 꽃향기가 퍼지기 시작할 때 찻잎에 섞어야 향기가 좋다. 좋은 화차를 제조하기 위해서 가장 중요한 것은 꽃과 차의 양의 배분이다. 꽃이 너무 많으면 차 자체의 맑은 맛이 가려지며, 꽃이 적으면 제 향기가 나지 않는다. 이 때문에 제다과정이 무척 정교하고 복잡하다. 화차에 이용되는 차는 주로 녹차이고, 홍차와 오룡차를 이용하기도 한다. 중국에서는 대부분 녹차에 쟈스민을 넣지만, 대만에서는 오룡차에 쟈스민이나 계화를 넣은 차가 인기를 얻고 있다. 녹차 중에서도 홍청녹차烘青綠茶를 주로 사용한다. 먼저 찻잎을 정선한 뒤 꽃향기를 잘 흡수하도록 충분히 건조시킨 다음 찻잎과 꽃을 서로 층층이 쌓아둔다. 꽃을 섞으면 열이 발생하므로 수시로 섞어 주어 섬세하게 가공한다. 몇 시간 정도 지난 다음 서로 뒤집어서 혼합하고, 다시 몇 시간 정도 방치한 뒤 건조시켜 찻잎에 흡수된 수분을 제거한다. 보통 2~5회에 걸쳐 작업을 하는데 고급차일수록 7~8회 반복하며, 일반 음식점용은 2회 정도로 하고 양을 늘리기 위해서 건조한 꽃잎을 첨가시키기도 한다.

진주 쟈스민차

유리 다기

꽃잎이 첨가되지 않은 쟈스민차는 진짜가 아니라는 사람도 있으나 사실은 일단 건조시킨 쟈스민꽃은 향기가 전혀 없기 때문에 아무런 가치가 없다. 오히려 건조한 꽃잎을 차에 첨가시키면 그만큼 부피가 늘어나기 때문에 하급차에 주로 이용된다. 중국의 복건·절강·강소·광동·광서 등에서 주로 생산된다.

쟈스민 차의 선별 쟈스민차에는 찻잎이 그대로인 것과, 찻잎을 과일·나비·별·진주 등 다양한 모양으로 조형한 것이 있다. 등급이 매우 다양하므로 찻잎을 잘 살피고 직접 마셔보고 구입하여야 한다.

좋은 쟈스민 차는 향기가 오래가고 우아한 향을 내지만 저급품은 말린꽃이 섞여있거나, 향료를 뿌려서 알콜 냄새가 배어 나온다. 저급품은 2~3개월 지나면 향이 없어지고 혼탁한 알콜 냄새만 남는다.

쟈스민차 음용법 투명도가 높은 유리다구나 자기·차호·개완 등을 이용한다. 사무실에서는 일인용 다기나 머그컵을 사용해도 무방하다. 화차의 양은 일반차보다 적게 하는 것이 좋다. 150cc에 1~2g의 차를 넣고, 약 85도의 수온을 기준으로 하며, 첫 번째 우리는 차는 30초, 두 번째는 20초, 세 번째는 다시 30초 정도가 적합하다. 물온도가 너무 높으면 향기가 빨리 휘발되므로 주의한다.

공예차 공예화차는 국화꽃을 넣어 금상첨화錦上添花라는 이름을 붙이는 것에서부터 시작되었다. 최근에는 국화꽃 뿐 아니라 다양한 꽃을 사용하고 있다. 백일화·장미·백합·쟈스민 심지어는 카네이션까지도 사용한다. 뜨거운 물속에서 피어나는 꽃의 아름다움을 감상하는 것도 또 다른 즐거움이다.

머그컵 포다법 언제 어디서나 쉽게 만날 수 있는 머그컵을 이용하면, 언제 어디서나 중국차를 즐길 수 있다. 특히 직장인이나 하루 종일 차를 옆에 두고 마시는 사람들에게는 매우 편리한 방법일 것이다. 머그컵 사용법의 포인트는 다음과 같다.

첫째, 우린잎이 큰 종류의 차를 이용한다. 머그컵 차는 찻잎을 넣은 채로 마시므로 찻잎이 쉽게 입에 들어오지 않을 정도의 큰 종류가 적당하다. 안계철관음이나 고산오룡차와 같이 성분이 우러나면서 찻잎이 커지는 차를 이용하면 좋다.

둘째, 찻잎의 양을 적게 한다. 뜨거운 물을 부은 채로 두는 형식이므로 찻잎은 비교적 적게 넣는 것이 좋다. 찻잎이 많으면 농도의 문제 뿐 아니라 엽저 때문에 마시기 불편하다.

냉차

더운 여름날 막 들어오는 손님에게 시원한 냉차를 대접해 보자. 냉차는 전날 밤부터 찻잎을 물에 담가 두고, 다음날 찻잎을 걸러내어 냉장고에서 차게 하기만 해도 된다. 차의 단맛을 끌어내어 부드럽고 상쾌한 맛을 즐길 수 있다. 물 1리터 에 찻잎 7~8g이 적당하다. 냉차로 적당한 것은 청차 중에서는 문산포종차 · 동정오룡 · 봉황단총 등이고, 녹차 중에서는 황산모봉 · 용정차가 적당하며, 홍차 종류도 좋다.

즉석에서 냉차를 만들 때는, 뜨거운 물에 차를 진하게 우린 후 얼음을 이용하면 된다.

이중급냉 아이스티

진하게 우린 차를 이중급냉의 방법으로 만든다. 이중급냉을 하는 이유는 홍차에서 볼 수 있는 크림현상을 피하기 위해서이다. 얼음을 사용해 식힌 찻물을 다시 얼음이 담긴 유리잔에 따른다. 가장 쉬운 방법은 커피드롭을 사용하는 방법이다.

커피드롭에 얼음을 넣고 농축시킨 차를 따른다. 아래에는 얼음이 들은 유리잔을 놓는다.

셋째, 뜨거운 물은 가능한 높은 온도로 충분히 붓는다. 청차를 기준으로 하므로 물은 뜨겁게 한다. 머그컵으로는 섬세한 향기를 감상하기 어렵지만 뜨거운 열탕으로 인해 차향이 주위로 퍼지는 즐거움도 있다.

넷째, 물을 계속 부어 마시다 보면 차 맛이 엷어진다. 이때는 새 찻잎을 조금 더 넣어가면서 마시면 된다.

제3장

중국차의 종류와 효능

중국차의 종류와 효능

1. 중국의 명차

1) 명차의 정의

물건에도 명품이 있듯이 차에도 명차名茶가 있다. 명차란 어느 정도 지명도 있는 좋은 차를 가리키며, 통상적으로 독특한 외형과 뛰어난 색향미를 갖춘 차를 말한다. 명차는 역사적 연원과 인문지리적 조건에 의하여 형성되는데, 이를테면 풍경이 아름다운 명승지나 우월한 자연조건과 생태환경을 갖추고 있다. 이와 같은 외래적 요소 외에도 차나무의 품종이 우수하고 재배관리가 뛰어나거나 제다 공정이 독특한 특징을 지닌다.

중국은 명차 탄생의 조건을 두루 갖추고 있다. 상류층에서부터 민간인에 이르기까지 음다 문화가 보편화되어 있으며, 일찍부터 차관茶館이 생기고 다서茶書가 저술되었다. 1950년 기문祁門을 시작으로 유명 차산지에는 차 실험 공장이 세워졌으며, 전국 16개 성급에 차 학문을 체계적으로 연구하는 차학회가 설립되어 새로운 명차의 등장을 가능하게 하였다.

중국에서는 역사적으로 공다貢茶제도에 의해 생성된 몇몇 공차 뿐만 아니라, 차의 생산지역이 오랫동안 품질이 뛰어난 좋은 차를 생산한 곳이거나 문인들의 호평을 받은 차가 명차로 분류되었다. 현재 중국의 명차는 수백여 종에 이르며 최근에도 명차의 개발과 연구가 활발하게 진행되는 가운데, 전국 각지에서 각종 명차의 품명品茗활동이 이루어지고 있다.

이 장에서는 전통적으로 명차로 분류되는 대표적인 차에 대해서 소개하기로 한다.

2) 명차의 종류와 특징

(1) 서호용정西湖龍井

서호 용정차는 중국차의 대명사라고 할 만큼, 세계적으로 잘 알려진 녹차로, 절강성 항주 서호일대에서 생산되는 초청녹차이다. '용정'은 본래 샘의 이름으로 샘을 팔 때 커다란 돌이 있었는데, 그 생김새가 용과 비슷하다하여 용정이라고 이름지었다고 한다. 이곳에 세워진 절이 용정사로, 이 절에서 차를 재배한 것이 오늘날 용정차의 시작이다. 용정사는 중국 오대五代 후한(後漢 949년) 때에 창건되었다. 지금 이 절에서는 원래의 불당을 다실로 개조하여 수취당秀翠堂이라 부르고 있다.

서호 용정차

서호용정 엽저

용정차가 명성을 얻게 된 것은 작설과 같은 외형과 신선한 난꽃 향기 때문이다. 외형이 납작납작하고 평평하며 곧고 매끈하며 비취색이 감돌고 윤기가 난다. 탕색은 연한 녹색이고, 맛은 단맛이 나면서도 산뜻하고 고소하며, 짙은 향기가 오래 지속된다. 차를 우리면 어린 차싹과 여린 찻잎이 하나하나 피어나서 고운 일창일기一槍一旗의 모습을 드러낸다. 이 찻잎이 조금씩 피어나는 모습도

용정차를 감상하는 한 부분이 된다. 따라서 용정차의 신선한 벽녹색 빛깔, 싱그러운 향기, 부드러운 맛, 아름다운 찻잎 모양을 '용정차 사절四節'이라고 한다.

서호용정차는 채취한 찻잎의 어린정도와 채취시기에 따라 품질이 결정된다. 용정차는 청명 전에 채취하여 제조한 것이 가장 좋으며 이를 '명전차'라 한다. 청명에서부터 곡우 전까지 채취한 찻잎을 '우전차'라 하고, 곡우 날로부터 곡우 후 5일까지 채취된 찻잎을 '두춘차頭春茶'라 한다.

1953년 절강성 차엽공사에서는 용정차를 사봉용정獅峰龍井, 매오용정梅塢龍井, 서호용정西湖龍井 등 세 가지로 분류하였으며, 1965년부터 위 세 가지 용정차를 통합하여 서호용정차로 통칭한다. 서호용정 중에서도 일반적으로 사자봉獅子峰 용정사 일대에서 생산된 사봉용정이 가장 인기가 있다.

(2) 벽라춘碧螺春

벽라춘은 아름다운 형태, 깔끔한 색상, 농후한 향기, 순수한 맛을 지닌 대표적인 중국 명차이다. 강소성 소주시에 중국 5대호 중 하나인 태호太湖가 있다. 태호 안에 동서 양쪽으로 두개의 산이 있는데, 동산과 서산으로 부른다. 이 두 산을 합쳐 동정산洞庭山이라고 부르는데, 이곳에서 생산되는 차를 동정벽라춘이라고 한다. 이곳은 기후가 온화하고 강수량이 풍부하여 차나무 재배에 적당하다. 또 태호 수면에는 안개가 자욱하고 공기가 습윤하며, 토지는 산성을 많이 함유하고 있어 차나무의 생장에 좋은 영향을 준다. 동산 상면촌에는 300년 고차수가 있으며, 동산의 차가 더 유명하다.

동정호 벽라춘의 유래에 대해 여러 가지 설이 있다. 청대의 『야사대관野史大觀』에 따르면, 동정산 동산의 절벽에 야생 차나무 몇 그루가 있었는데 강희 황제가 이 차를 맛보고 벽라춘으로 명명하였다고 한다. 『수견록隨見錄』에서는 동정산의 차는 모양새가 가늘고 향기로운 맛이 일품이어서 벽라춘으로 명명되었다고 한다. 또한 차의 색깔이 비취색처럼 푸르고 소라 모양처럼 나선형으로 잘 말려져 있고, 이른 봄의 찻잎을 이용하여 만들어지기 때문에 벽라춘이라는 이름이 지어졌다는 설도 있다.

용정차와 호포천虎砲泉

용정차와 호포천을 '항주 서호의 쌍절(雙絶)'이라 한다. 서호의 서남쪽 2km정도 되는 곳에 위치한 호포천(虎砲泉)은 진강(鎭江)의 중냉천(中冷泉), 무석(無錫)의 혜천(惠泉)에 이어 '천하 제3의 샘(天下第三川)'으로 일컬어진다. 이 샘은 '신선이 호랑이 두 마리를 보내어 샘을 파게 했다'는 전설에 따라 샘이름이 유래되었다. 이 샘물은 표면장력이 커서 찻잔 가득히 물을 담은 후 물 속에 니켈주화를 가만히 넣으면 수면은 찻잔 가장자리로부터 3mm 위로 올라가는데도 물이 넘치지 않는다. 이 샘물을 사용한 차는 특히 맛이 부드럽다. 용정의 물도 호포천의 물과 마찬가지로 표면장력이 큰 것으로 유명하다. 용정의 물은 물을 세게 저어도 거품이 잘 꺼지지 않으며 주화를 넣어도 쉽게 가라앉지 않는다.

건륭황제의 어차御茶 책봉

청대 초기 건륭황제가 강남 순행시 용정촌의 사자봉(獅子峰) 아래 호공묘(胡公廟) 안에서 쉬면서 스님이 내온 작설 같은 차를 음미하다가 그 맛에 감탄하여 직접 차 잎을 따가지고 환궁을 하였는데, 마침 환후 중인 태후가 이 차를 마시고 쾌차하자, 호공묘 앞 18그루의 차나무를 '어차(御茶)'로 책봉하였다.

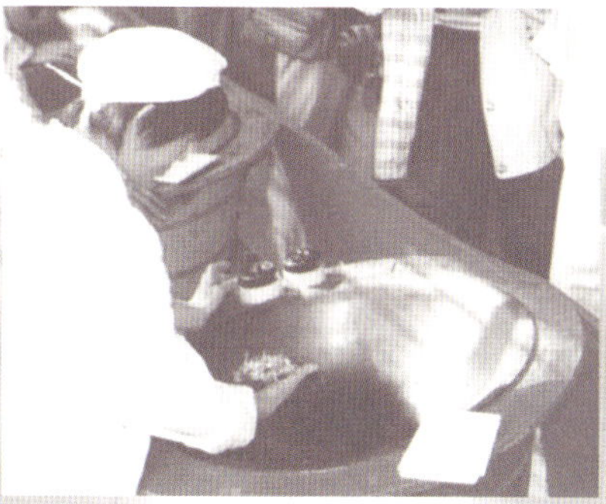

용정차 제다

벽라춘은 7등급으로 나누어진다. 1등급에서 7등급으로 갈수록 찻잎이 크고 백호는 적다. 제다시 가마의 온도, 찻잎을 넣는 양은 급수가 내려감에 따라 증가된다. 특품은 외형이 섬세하고 나선이나 고리 모양으로 잘 말려진 굴곡형태를 띠며, 찻잎 표면이 백호로 덮여 있어 은백색을 띤다. 향기가 농후하고 맛이 순하고 연한 녹색의 탕색을 띠며, 상쾌한 맛을 낸다.

투명한 유리컵에 70~80℃의 끓인 물을 부은 후에 고급 벽라춘을 넣으면, 찻잎이 바로 컵 아래로 가라 앉으며 은은한 향기를 낸다.

(3) 철관음鐵觀音

철관음은 원래 오룡차를 만드는 차나무 품종의 이름이다. 철관음은 복건성 안계현의 요양향을 중심으로 생산된다. 이 일대는 산으로 둘러싸여 있으며 연이어진 봉우리에 운무가 자욱히 감싸고 있는 아열대 지역이다. 연평균 온도는 15~18.5℃로, 강수량은 1700~1900㎖이다. 토양은 산성의 붉은 흙으로 토양층이 깊고 두터우며 유기물 함량이 풍부하여, 차 재배에 좋은 조건을 갖추고 있다.

안계현의 철관음은 청 건륭 초기에서부터 지금까지 약 200여년의 역사를 가지고 있다. 처음에는 무이암차의 대체품으로 출발하였으나, 항구인 하문과 인접해 있어 수출이 용이하고, 가격이 저렴하여 무이암차보다 더욱 유명해졌다.

철관음이라는 이름은 아름다운 관음과 같다하여 얻어진 이름이다. 철관음의 명칭에 대한 유래에는 두 가지 설이 있다. 안계현 송림에 사는 위음魏飮이라는 사람이 관음보살에 대한 신앙심이 깊어 매일 아침 관음상 앞에 지성으로 헌다를 하였는데, 어느 날 산에 나무하러 갔다가 암석 위에서 빛나는 차나무를 발견하였다. 그 차나무를 이식해서 정성껏 가꾸고 채다하여 오룡차를 만들었는데, 빛깔과 광택이 푸르고, 철처럼 단단하고, 향기가 독특하고, 진한 차여서 중여철重如鐵이라고 불렸다. 마을 사람들이 위음의 신앙심을 보고 관세음보살께서 주셨다고 여겨 '철관음'이라고 명명하였다 한다.

또 다른 설에 의하면, 청나라 때에 왕사량王士諒이 봄날 남산의 황폐해진 다원에서 한 그루의 차가 유독 사람의 시선을 끌며 반짝이는 것을 보고, 그 차나무를 집에 옮겨와 키워서 차를 만들었다. 건륭 6년, 왕사량이 경성의 고관에게 이 차를 선물하였는데, 그 고관이 이 차를 건륭황제에게 올렸다. 황제가 차를 마시고 차의 역사를 알아본 후, 차가 검고 광택이 나며 철과 같이 무겁고, 맛과 향이 관음과 같이 아름답다하여 '철관음'이란 차이름을 하사하였다고 한다.

철관음은 독특한 품격과 음률을 지닌다. 완성된 차의 외형은 둥글고 단단하게 말려져 있다. 잎은 살찌고 왕성하며, 크기가 고르고 무겁다. 색깔은 윤기가 있고 맑고 밝으며 완성된 차의 색깔은 갈색빛이 도는 녹색이다. 차의 향기는 진하고 그윽하다. 탕색은 금황색으로 진하며 밝고 맑고 투명하다. 맛은 순하고 달고 신선하다. 엽저는 두텁고 탄력이 있으며 녹색 잎 가장자리는 갈색으로 테를 두르고 있다. 여러 번 우려 마셔도 향이 오래 남는다. 반발효차로써 홍차의 달고 순한 맛, 녹차의 맑은 맛, 난초 향과 같은 달콤하고 향긋한 향을 겸비하고 있다. 찻잎이 싹이 트는 춘분전후로 하여 매년 4번의 찻잎을 딴다. 채엽 시기에 따라 춘차春茶·하차夏茶·서차暑茶·추차秋茶로 나뉜다. 춘차를 최고로 치는데 입하立夏전에 찻잎을 따며, 생산량의 50%를 차지한다. 향기는 높고 맛은 무겁다. 여름차는 하지 후에 채엽한 찻잎으로 만든 차로, 생산량은 약 25%를 차지한다. 잎이 얇으며 약간의 쓴맛이 있고 향기도 조금 떨어진다. 서차는 대서大暑후에 만든 차이다. 추차는 백로白露전에 찻잎을 따서 제다한 것으로 향이 뛰어나다.

(4) 대홍포大紅袍

대홍포는 복건성 북부 무이산武夷山 동북부 천심암天心巖 부근 벼랑 위 42그루의 천년 고차수의 찻잎으로 만든 대표적인 무이암차이다. 큰 바위에는 주덕朱德의 글씨로 대홍포大紅袍라고 쓰여져 있다. 무이산은 오룡차의 본산으로 산과 협곡이 험하고 깊으며, 구름과 안개가 절벽을 감싸고돌아 습도가 높고, 토양이 부드러워 미네랄 함량이 풍부하다.

대홍포는 무이암차 중에서도 최고의 차로 오룡차의 '차중지성茶中之聖'이라고 한다. 대홍포의 독특한 품격 때문에 암차 애호가들이 날로 증가하고 있다.

무이산은 예로부터 유람경승지로 알려질 정도로 경치가 아름다운 곳이다. 차농茶農들은 무이산의 절벽과 골짜기를 이용하여 차를 재배하여 무이암차를 생산하였다. 대홍포로 대표되는 무이암차는 300년의 오랜 역사를 거치면서 1950년대 이후 국영 차공장을 통해 오늘날까지 활발한 생산을 하고 있다.

무이암차는 당나라 때부터 이미 선물용으로 사용되었고, 송대에 황제 진상용으로 선정될 정도로 일찌감치 명차의 반열에 오른 차이다.

대홍포라고 불리는 유래는, 과거시험을 보러가는 선비가 사경을 헤매자 무이산 근처 스님이 이 차를 마시게 해서 낫게 되었는데, 선비가 급제를 한 후 부마가 되어 금의환향하는 길에 고마움의 표시로 황제에게 하사받은 대홍포를 차나무에 입혀 주었다는 데서 얻어진 이름

이다.

대홍포의 대표적인 특징은 차맛에 감도는 깊은 '암운巖韻'이다. 입안에 향기가 오래 지속되고, 목에 단맛이 감돌고 맛이 순수하며, 깊은 향을 낸다. 엽저는 두툼한 잎에 가장자리에 붉은 색을 띤 반발효차의 특성을 잘 나타내며, 좋은 대홍포는 여러 번 우려도 처음의 맛과 향을 유지한다.

(5) 군산은침君山銀針

군산君山은 중국 호남성 동정호洞庭湖 가운데 있는 섬이다. 이 근처에서 생산되는 차가 군산은침이다. 군산은침은 생산량이 적어 희소가치가 있는 제품이다.

군산은침은 이미 당나라 때부터 공납된 오랜 역사를 가진 차이며, 이 차가 바로 문성공주가 티벳으로 시집갈 때 혼수품 물목에 들어간 차이다. 그리고 청대 건륭 황제가 특별히 애음한 차이기도 하다. 건륭 황제가 악양루岳陽樓에 올라 군산섬을 바라보며 전설을 듣고 시음한 후에, 차맛이 빼어남을 알고 칭찬하여 황실 진상차가 되었다. 청대 원매袁枚의 『수원식단隨園食單』에는 "동정군산에 차가 나는데 맛과 색상은 용정과 비슷하고 잎이 조금 넓고 푸르며 채집할 부분이 아주 적다"고 하였다. 청대의 소설 『홍루몽紅樓夢』에 나오는 '로군매차老君梅茶'가 바로 군산은침이다.

군산에서는 원래 녹차를 생산하다가 후대로 가면서 황차로 바뀌어졌다. 찻잎이 하얀 빛을 내므로 은빛 바늘 같다고 하여 은침이라는 이름이 붙여졌다.

군산은침에 뜨거운 물을 부으면, 차싹이 곧게 뜨다가 천천히 가라앉는데, 찻잎이 세 번 떴다가 세 번 가라앉는 모양을 삼기삼락三起三落이라 한다. 투명한 잔에 군산은침을 넣고 찻잎의 삼기삼락을 감상하는 것도 특별한 즐거움이다.

군산은침은 황차의 하나로서 향기가 맑고 맛은 부드럽고 달고 상쾌하며, 우려낸 차의 빛깔은 밝은 등황색으로 청량하고 투명하다. 차싹은 백호가 많고, 잎의 모양은 곧고 가지런하며 담황색을 띄고 있다. 찻잎은 크고 꼿꼿하고 향기가 청신하며 맛이 달콤하다.

(6) 백호은침白毫銀針

백호은침은 복건성의 복정福鼎·정화政和 두 현에서 생산되는 대표적인 백차이다. 1857년에 복정대백차 품종의 차나무가 복정현에서 번식에 성공하여 1885년부터 복정대백차 품종의 싹을 원료로 하기 시작하였으며, 정화현은 1880년에 정화대백차 품종의 차나무를 선발하여 번식하였고 1889년부터 은침을 제다하였다. 백아차白芽茶는 1창1기로 만들고, 백엽차白葉茶는 1창2기로 만든다. 봄싹으로 만들어지며, 여름과 가을에 나는 찻잎은 약하고 작아서 백호은침의 원료로 사용되지 않는다. 찻잎을 창과 기로 분리해 광주리에 펼쳐놓아 약한 햇볕에 통풍되는 그늘에 80~90% 건조하고, 30~40도 온도로 천천히 증제한 후 유념은 하지 않는다.

백호은침은 찻잎이 두텁고 바늘처럼 뾰족하며, 은백색 백호로 덮여있다. 복정에서 생산되는 찻잎은 백호가 많고 백색의 광채가 나며, 탕색은 연한 황색을 띄고 맛이 청신하다. 정화에서 생산된 차는 맛이 농후하고 청아한 향기가 특징이다. 백호은침은 유념하지 않은 차이므로 녹차에 비해 좀 더 오랫동안 우려야 제 맛을 낸다.

(7) 태평후괴太平猴魁

태평후괴는 안휘성의 특산품으로 홍청녹차다. 안휘성의 명산 황산일대에서 생산된다. 태평후괴의 주요 산지인 후갱猴坑이 위치한 황산은 숲이 우거지고 안개가 자욱하며 습도가 높고, 토양이 비옥하여 좋은 차나무 재배환경을 갖추고 있다. 이곳의 차나무는 잎이 여리고 도톰하며 솜털이 많다.

태평후괴는 찻잎이 크고 실한 것이 특징이며 향이 오래가고 상쾌한 꽃향이 난다. 맛은 순하고 상큼하다. 찻잎이 평평하며 납작하고 곧다. 짙은 녹색으로 매끈하고 윤기가 난다. 산뜻하고 그윽한 향이 나고 자극성이 강한 편이다. 맛은 상쾌하며 단맛이 느껴진다. 이러한 태평후괴의 독특한 맛을 '후운猴韻'이라고 한다.

후갱의 차농인 왕괴성王魁成이 실하고 여린 차싹을 선별하여 제다한 차를 괴첨魁尖이라고 칭하였는데, 후갱의 지명과 이 이름을 합하여 태평후괴라고 불려졌다.

(8) 육안과편六安瓜片

당나라 때부터 전해 내려온 명차로 홍청녹차다. 육안과편은 안휘성 육안六安과 금채金寨·곽산霍山에서 주로 생산된다. 육안과편은 찻잎의 모양이 평평하게 벌어져 있고, 잎 하나하나의 모양이 마치 해바라기 씨처럼 생겼다고 하여 생겨난 이름이다. 찻잎이 어리고 작으며 줄기가 없어 눈썹 모양과 비슷하고 백호가 선명하며 광택이 도는 녹색이다. 탕색은 옅은 녹색이 감돌고 산뜻하고 맑은 향기가 오래 지속된다.

명대 『차전茶箋』에는 "육안은 정교한 품질로써 약용으로 쓰기에 가장 좋다"라고 하였다. 육안과편은 명대 초기에 공납으로 바

치기 시작했다. 1982년에 전국 명차 심사평가에서 전국명차로 불리어졌다. 1986년 복주에서의 심사평가에서도 전국 명차로 칭호 받았으며, 주요 판매지는 북경·상해·남경·산동·하남등과 홍콩 및 마카오이다.

(9) 기문홍차祁門紅茶

안휘성 황산 서남쪽 기문현祁門縣에서 생산되는 대표적인 공부홍차로 '기홍祁紅'이라고 불린다. 100~350m 언덕 구릉지에 다원이 펼쳐져 있으며, 산성토에 봄여름에 내리는 이슬비와 적당한 일조량은 차엽을 부드럽게 하고, 여린 잎을 장기간 유지하게 하여 최적의 차를 만들 수 있다. 6월부터 8월까지 생산하는데, 8월에 생산된 차의 품질이 우수하다. 소엽종으로 1창 1기와 2기만 사용한다. 살청을 하지 않고 위조와 유념을 한 후 찻잎 내부의 수분과 온도로 발효를 시키는 것이 특징이다.

기문홍차는 외형이 가늘고 검은색에 광택이 있다. 탕색은 투명한 붉은 색을 내며 달콤한 꿀향이 나고, 진하면서도 단맛이 느껴진다. 스리랑카의 우바(UVA), 인도의 아삼(ASSAM)과 함께 세계 3대 홍차에 속한다. 1915년 파나마 국제박람회 금상을 수상하여 널리 알려졌으며, 맛이 뛰어나 잉글리쉬 브랙퍼스트 브랜딩 베이스 차로 사용된다.

(10) 황산모봉黃山毛峰

황산은 중국 5대 명산 중의 하나이다. '명산에 명차 난다'는 말처럼 황산 일대에는 황산모봉을 비롯하여 여러 종류의 명차들이 생산되고 있다. 황산모봉은 황산 일대의 해발 700~1200m 사이의 다원에서 생산된다. 산의 이름을 따라 황산모봉이라는 이름을 얻었다.

황산모봉의 등급은 특급에서 3급까지 나눈다. 찻잎은 황녹색으로 윤기가 나며 작설형 모양이 특징이다. 찻잎의 어린 정도, 크기와 빛깔이 균등하고 가지런하다. 일아일엽一芽一葉으로 채취하며 전신에 미세한 은빛 털이 나있다. 탕색은 투명하고 침전물이 없어 맑으며, 향기는 맑고 상쾌하다. 맛은 감칠맛이 나는 단맛을 내며 신선하고 깔끔하다. 엽저는 황색이 감도는 옅은 녹색으로 밝다. 신선하고 좋은 품질의 차를 만들기 위해서 오전에 딴 찻잎은 바로 그날 오후에 제다하고, 오후에 딴 찻잎은 그 날 저녁에 제다를 한다.

황산모봉은 역대 황제들이 공차貢茶로 지정한 차이다. 역사기록에 의하면, 청대 광서光緖 연간에 사유태차장謝裕泰茶莊에서 처음 만들어냈다고 한다. 이 차공장을 열었던 사정화謝靜和는 차나무를 심고 찻잎을 따고 차를 제조하는 모든 방면에 정통한 차인이었다. 1875년을 전후해서 사정화는 주위의 차 애호가들의 요구에 따라 매년 청명 전에 높은 산에 올라 어린잎을 따서 직접 제조했다고 한다.

(11) 대만 고산오룡차高山烏龍茶

대만의 차 생산은 중국 복건성에서 가져온 차나무 품종과 차 제조 기술에 의해 시작되었다. 대만에도 1697년 야생차나무가 있었다는 기록이 남아 있으나, 중국 품종이 대만에 전래되어 재배되었다. 1796년 복건성 무이산武夷山에서 차 품종을 가져가, 현재 대북현臺北縣 서방瑞芳지구에 심은 것이 대만차 재배의 시초이다.

그 뒤 1855년 복건성에서 청심오룡靑心烏龍 품종의 묘목을 들여와 동정산凍頂山에 심은 것이 오늘날 대만 동정오룡차凍頂烏龍茶의 기원이 되었다. 또한 복건성 안계安溪지방에서 철관음차 품종을 들여와 대북시 목책木柵에 심은 것이 목책철관음차木柵鐵觀音茶 생산의 근원이 되었다.

대만은 일제시대에는 홍차를, 1950~60년대는 녹차를 많이 생산했다. 그러나 1970년대 들어와 오룡차의 시대를 맞이했다. 대만 오룡차가 세계적으로 인기를 얻게 되면서 대만은 차 생산뿐 아니라 중국 차문화의 발전 부흥에도 지대한 역할을 하게 된다.

해발 1,000m 이상의 고산 지대에 조성된 다원의 차로 생산한 오룡차를 고산오룡차라고 한다. 고산차는 아침저녁으로 구름과 안개가 끼고 평균 일조량이 적어서, 차나무의 차싹과 찻잎에 카테킨 등 쓰고 떫은 성분이 적다. 그리고 아미노산이 풍부하여 차의 단맛을 높인다. 차싹과 찻잎이 부드럽고 잎이 두터우며, 섬유질 함량이 높은 게 특징이다. 이것이 고산차의 빛깔을 신선한 취록색으로 만들고, 맛을 달고 부드럽게 하며, 무거우면서도 활발한 특성을 지니게 한다. 향기는 담담하면서도 우아하고 꽃향을 낸다. 탕색은 진한녹색을 바탕으로 황색을 띠며, 여러번 우려도 되는 특성을 가지고 있다.

대만의 고산오룡차는 보편적으로 차가 나오는 산지에 따라 차 이름이 붙여진다. 높은 산에서 생산될수록 차의 떫은맛을 내는 카테킨의 함량이 적은 반면 단맛을 내는 아미노산의 함량이 높아서 고급차로 친다.

대표적인 고산오룡차로는 아리산阿理山고산차, 리산梨山고산차, 대우령大禹嶺고산차, 산림계山林溪고산차가 있다.

(12) 백호오룡白毫烏龍

세계적으로 오룡차의 주요 생산지는 복건・광동・광서와 대만이다. 그중 포종차와 백호오룡은 대만 특유의 차이다.

백호오룡차는 오룡차 중 발효도가 가장 높으며 깊고도 은은한 향을 지녀, 성숙

대만의 명차

1. 동정차(凍頂茶) 2. 문산포종차(文山包種茶) 3. 동방미인차(東方美人茶) 4. 송백장청차(松柏長青茶) 5.목책철관음(木柵鐵觀音) 6. 삼협용정(三峽龍井) 7. 아리산주로(阿理山珠露) 8 고산차(高山茶) 9 용천차(龍泉茶) 10. 일월담홍차(日月潭紅茶)

목책철관음

목책철관음과 자사호

백호오룡차

· 색상 : 백 · 녹 · 황 · 홍 · 갈색이 섞여있고, 아엽(芽葉) 위에는 백색의 융모가 있는데 백호(白毫)라고 한다. 백호의 색은 금황 · 은 · 백 · 회백 등으로 나타난다.

· 형상 : 자연스럽게 말려있고, 둥글게 말린 것은 꽃봉오리 같다.

· 탕색 : 등황색으로 노란 가운데 약간의 붉은 기운이 있고, 잘 익은 귤의 빛깔을 띤다.

· 향기 : 꿀향으로 청순하다.

· 맛 : 잘 익은 과일 맛(熟果味)이 난다. 진하면서도 부드럽다.

전통 보이차의 구성

· 1편 357g

· 1통 7편

· 1광 12통

· 소원병(小圓餠)1편 100g 5편 1통

하고 우아한 여인의 품격이 난다고 품평 받는 일명 '동방미인東方美人'으로 불리는 차이다. 19세기 말 이 차가 유럽으로 수출되면서, 영국 왕실에서 특히 이 차의 청아하고 독특한 맛에 경탄하여, 동방미녀의 온유한 풍미에 비유하였다. 그래서 동방미인차라는 아름다운 이름이 붙게 되었다.

백호오룡차는 대만 신죽현新竹縣의 아미향峨眉鄉을 중심으로 북부 지역에서 주로 생산된다. 대부분의 차가 봄에 난 싹으로 만든 것을 으뜸으로 치는 것과 달리, 백호오룡차는 여름 찻잎을 이용한다. 소만小滿부터 생산하나 망종芒種을 전후로 채엽하여 제다한 것의 품질이 가장 우수하다.

백호오룡차의 가장 큰 특징은 '소녹엽선小綠葉蟬'이라는 벌레의 피해를 입은 찻잎을 사용한다는 것이다. 소녹엽선이 즙을 빨아 먹은 찻잎은 끝이 누렇게 변하며 오그라든다. 백호오룡차는 이런 충해를 입은 차나무의 잎을 따서 제다하는데, 찻잎의 색상이 짙고 육질이 두터운 것이 좋다. 제다한 후의 찻잎은 흰색・황색・갈색・붉은색・녹색 등 다섯 색이 고르게 어우러진다.

2. 보이차

1) 보이차 기초지식

(1) 보이차의 정의

보이차普洱茶는 중국 서남부 운남성雲南城일대의 대엽종大葉種 차엽을 후발효시켜 만든 흑차를 가리킨다. 운남성 표준계량국은 2003년 3월에 보이차 정의를 다음과 같이 발표했다. "보이차는 중국 운남성에서 나는 대엽종 쇄청모차를 원료로 하여 발효를 거쳐 만들어진 산차散茶와 긴압차緊壓茶이다"

보이차는 처음엔 중국 변방의 소수민족들이 마시기 시작한 차로 후발효차에 속하며 흑차의 일종이다. 운남성의 여러 차산지를 중심으로 주로 생산되었고 집산지이자, 교역의 장소였던 보이현普洱縣의 지명을 따서 '보이차'라는 이름이 붙여졌다.

보이차는 차 속의 폴리페놀이 완만한 후발효의 변화 작용을 거치면서 점차 독특한 색・향・미를 형성하고 오래될수록 향기로운 풍격을 지닌다. 찻잎을 가열처리하고 적당히 수분을 가한 후, 대나무 통이나 상자에 퇴적시켜 공기 중의 미생물에 의한 발효과정을 거친 뒤 숙성시켜 만든다.

(2) 보이차의 역사

보이차는 청 옹정 10년(1729)에 이르러 정식 진상차로 선정되면서 200여 년간 국내외에서 높은 인기를 누리게 된다. 청 궁정에서 공납 받은 보이차는 궁정에서 직접 마시고 대신들이나 황실의 친척들에게 하사하였으며, 외국사절에게 선물로도 사용되었다. 건륭황제가 영국의 조지 2세 국왕에게 보내는 선물 속에 보이차고普洱茶膏가 포함되기도 했다. 청 말기에 이르러 차세가 무거워지고 관리들의 착취가 더해져 농민들이 차생산을 포기하거나 차나무를 베어버리는 현상이 벌어졌다. 동시에 인도·스리랑카 등의 신흥 차 생산국들에 밀려 중국차 시장은 전체적인 타격을 받게 되고, 보이차 생산량도 점점 감소했었다. 그러나 개혁개방(1979)이후 중국 차시장이 다시 활기를 찾기 시작하는 가운데, 오늘날 보이차는 전 세계인에게 사랑 받는 대표적인 명차로 자리 잡았다.

전통 풍격의 보이차는 병형餠形으로, 청 옹정 13년에 규격이 정해졌으며, 편당 중량은 357g이고 7개가 1통으로 포장된다. 민국초기의 보이차로는 동경호同慶號·복원창호福元昌號·동창호同昌號·송빙호宋聘號·동흥호同興號등이 있으며 현재 시장에서 구입하기는 어렵다. 문화 혁명 시기에 '운남칠자병차雲南七子餠茶'라는 이름이 탄생되었다. 1940년 중국차엽공사는 운남성 남부 지금의 맹해勐海차공장인 불해佛海 차공장에서 '중차패中茶牌' 보이차를 생산하였다. 이후 운남차엽공사와 광동차엽공사가 생산한 보이차는 모두 이 상표를 사용한다. 홍인紅印·녹인綠印·황인黃印, 또는 대문자·소문자 등으로 상품을 구별하였다. 물을 뿌려 쌓아 숙성시키는 보이차는 1973년 운남성 곤명에서 제조하기 시작하였다.

1976년 수출의 필요에 따라 운남성차엽공사가 보이차의 상표 번호를 규격화하였다. 병차는 4자리 숫자를 사용했는데, 처음 두 자리 숫자는 차의 제조 시작연도이고, 세 번째 숫자는 원료인 모차의 등급이고, 네 번째 숫자는 차 공장의 번호로 1은 곤명, 2는 맹해, 3은 하관, 4는 보이를 나타낸다. 예를 들어, 75671보이차는 곤명에서 6~7급의 모차를 이용하여 1975년부터 생산한 보이차를 말한다. 현재 유통되고 있는 가장 이른 시기의 병차 상품 번호는 7452, 7562, 7572 등이다.

1978년 맹해 차공장에서는 '대익패大益牌'를 상표로 사용했고, 1992년에는 하관 차공장에서 '송학패松鶴牌'와 '남조패南調牌'를 상표로 등록했다. 1990년대 초 소규모의 차공장들이 대거 등장하였다.

고대 보이차 주요 생산지역은 운남성 남부 서쌍판납西雙版納과 사모思茅중심으로 번성했으며 청대 이후 주변 지역으로 확산되었다. 서쌍판납의 맹해현에는 현대 보이차로 유명한 맹해차창이 있어 보이차를 좋아하는 많은 사람들이 가보고 싶어 하는 곳 중 한 지역이다. 현재 사모지역의 7개현 29곳에 야생 차나무가 군락을 이루고 있으며 그 면적은 1400만평에 달한다. 그중 전문가에 의해 인정된 수령 2700년된 야생 고차수가 있는데 이는 현재 발견된 차나무중 가장 오래된 차나무이다.

(3) 보이차의 효능

옛 사람들은 보이차를 곽란·이질·더위 먹은 것 등을 치료하는데 사용했다. 청나라 이후의 많은 문헌에 보이차를 약으로 사용한 처방들이 있으며 민간에서도 "보이차를 이용 탕湯·환丸·가루 등을 만들어 마시거나 발랐다"라는 내용이 있다.

과학적인 검사방법과 능력이 발전함에 따라 보이차의 효능도 현대 과학에 의해 입증되고 있다. 보이차는 인체에 유익한 폴리페놀·비타민·아미노산·알카로이드 등의 함량이 풍부하다. 숙차熟茶나 오랜 기간 동안 보관된 생차生茶는 이런 성분들이 충분히 산화 발효되어 독특한 품격을 형성하며 건강에 좋은 효능을 가진다. 보이차의 탄닌 성분은 세균과 결합하여 세균의 단백질을 응고시켜 번식을 막

공예 보이차

금과공차

고, 콜레스테롤을 낮추는 효과를 가진다. 보이차가 주로 생산되는 운남성 지역의 암 발병률은 중국 전체의 1/2 수준이라고 한다. 보이차의 주요 효능으로는 다이어트 · 지방감소 · 동맥경화예방 · 고혈압예방 · 항암작용 · 항독소 · 노화방지 · 숙취해소 등에 효용이 있으며, 인체의 면역력을 강화시켜서 건강한 생활에 도움을 준다.

2) 보이차의 제조와 형태

(1) 보이차의 제조

보이차는 제조기법에 따라 크게 생차와 숙차로 나눌 수 있다. 생차 · 숙차 라는 개념은 대만 · 홍콩 등에서 나온 것으로 찻잎을 숙성시킨 전후의 상황을 가리키며 긴압차류를 말한다. 이는 쇄청모차를 원료로 여러가지 모양의 병차 · 타차 · 전차 등을 만들어 내는데, 원료에 후발효를 거치지 않아 쇄청차의 특징이 그대로 유지되는 차를 바로 '생차'라 한다. 생차는 악퇴 발효 가공을 거치지 않은 청차로서의 보이차이므로 가공 공정이 비교적 간단하고, 원료의 선택과 저장 조건에 의해 품질이 좋고 나쁨이 결정된다. 대엽종의 신선한 찻잎을 시들리기와 비비기를 해서 적절하게 건조된 찻잎에다 증기를 쐬어 긴압하여 제조 한다. 이렇게 만들어진 생

생차와　숙차

생차와 숙차의 탕색

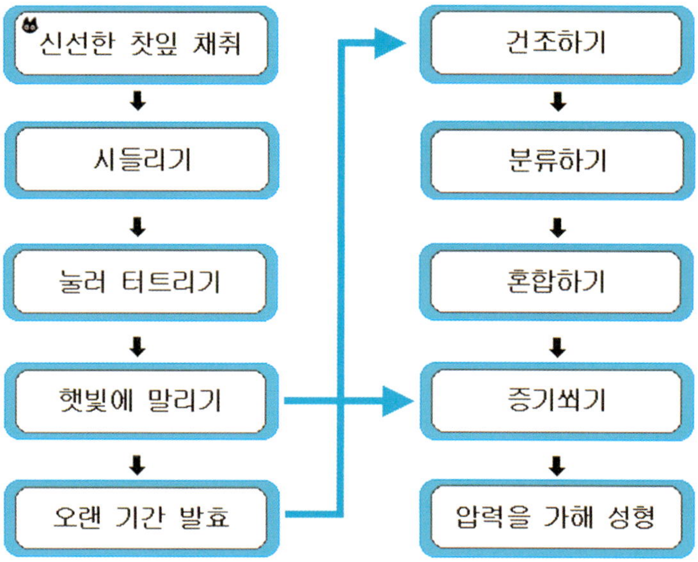

〈보이차 제조 과정〉

차는 긴 세월 동안 발효가 되어야 우수한 보이차의 품격을 나타낸다.

'숙차'는 이른바 전통적인 숙차와 악퇴기법을 사용한 악퇴숙차로 나눌 수 있다. 전통적인 숙차는 시들리기를 한 다음 가볍게 찌기를 하고 다시 비비기와 덩이 짓기를 몇 차례 거듭하는 과정을 추가하여 생차보다 발효 속도를 높인 차를 말한다. '악퇴숙차'는 이런 전통적 숙차 제조 기법에 따르지 않고 시들리기와 비비기를 한 차엽 더미에다 물을 뿌려주면서 마포를 덮은 다음, 쌓아두기와 뒤집기를 두 달 가까이(평균 6~8차례) 거듭하면서 쾌속발효를 시켜 전통적 숙차보다 숙성기간을 크게 줄인 차이다. 오늘날의 숙차는 대개 이러한 악퇴숙차를 말한다.

생차의 제조과정 생차는 찻잎을 살청하고 쇄청모차를 눌러 긴압차를 만드는 과정 중 미생물에 의한 발효과정을 거치지 않는다. 오랜 시간 자연발효가 일어나 효소가 활성화되면서 고유의 품격을 지니게 된다.

생차

생차의 엽저

㉠ 운남 대엽종의 신선한 찻잎을 따서 그늘에 널어둔다(시들리기).
㉡ 가마솥에서 찻잎을 덖어 살청한다(눌러 터트리기).
㉢ 손으로 비비고 햇볕에 말려 모차를 완성한다(유념, 일광건조, 쇄청모차).
㉣ 줄기나 노쇠한 찻잎을 선별하고 찻잎을 등급별로 분류한다.
㉤ 일정량의 쇄청모차에 증기를 쏘인다.
㉥ 압력을 가해 모양을 만든다(긴압).

숙차의 제조과정 숙차는 위의 생차 제조공정 중 ㉠~㉣ 까지는 같다. ㉤의 쇄청모차가 만들어지면 차를 등급별로 분류하여 어느 정도의 높이로 쌓은 다음 물을 뿌려가며 발효를 진행시키고, 중간 중간 차를 뒤집어 딱딱하게 굳은 차를 풀어 주어 바람을 쏘인다. 이 과정을 악퇴라고 한다. 악퇴 과정은 원하는 발효정도나 계절 등에 따라 다르지만 보통 40일~60일 정도 소요된다. 이때의 적당한 온도와 습도 조건에서 미생물에 의한 발효, 효소에 의한 산화가 일어나면서 찻잎에 함유된 자극적인 물질이 줄어들어, 차가 순하고 부드러워지며, 숙차 특유의 탕색과 맛을 낸다.

㉠ 악퇴 발효가 끝난 차는 체로 쳐서 분류한다.
㉡ 고압의 증기를 이용하여 품질을 떨어뜨릴 수 있는 미생물을 살균 시킨다. 이 상태에서 포장한 것이 보이차 산차이다.
㉢ 각 차창 고유의 기준으로 몇 가지 다른 등급의 산차를 섞어 증기를 쏘여 눌러 성형을 하고 건조시켜 긴압차를 만든다.

숙차

숙차의 엽저

(2) 보이차의 형태

병차 병차는 '원차圓茶'라고 부르던 운남 지방의 전통차이다. 말 한 마리에 두 광주리를 싣는데 한 광주리에 12통이 들어가고 한 통에는 7편의 차가 들어간다. 7편의 차를 대나무 껍질로 포장하여 한 통을 만드는 방법이 계속 전해져 내려와

대표적인 병차

- 7542 생차 : 맹해차창의 대표차. 1975~2000년 초반까지 생산되었다. 1975부터 1985년 사이에 생산된 차가 가장 인기가 있다. '大中口小綠印' 7542 노병을 구별할 때 포장지 가짜 구별이 어려워 내비(內飛)를 참고한다. 대구중(大口中)외포장에 茶 자를 수공으로 찍은 차를 73년도에 만든 보이차로 여기고 '73청병'이라 부른다. 이 차는 80년대 초반제품으로서 1985년도까지 생산된 것으로 알려져 있다.
- 인급차(印級茶) : 칠자병차 이전의 차로 1950~1960년대에 생산된 병차이다. 균일한 품질관리・대표성・지명도로 명성을 얻었으며, 포장지에 영문이 사용되지 않았고 설명서에 해당하는 내표(內票)가 없는 것이 특징이다.
- 7572 숙병 : 맹해의 대표적 주력상품으로 가장 일찍 상품화에 성공한 숙병이다.
- 이창호(易昌號) : 1998년 설립된 창태차행(昌泰茶行)의 상표로 품질을 인정받고 있다.
- 7582와 8582 : 7582청병은 맹해차창에서 80년대 이후부터 만들었던 청병이며, 8582는 홍콩 남천무역회사(南天貿易公司)에서 1985년부터 맹해차창에 보이차를 주문제작하면서, 7582와 8582의 이름이 혼동될 수 있다고 판단하여 이름을 바꾸었다.

1980년대 8582

이창호

보이차 외형 체크포인트

외부 포장(外包)

앞면(磚面)

뒷면(餅背)

내부 상표(內飛)

창표(廠票)

이것이 '칠자병차七子餠茶'가 되었다. 이 칠자병차는 보이차의 가장 일반적인 형태이다.

병차는 송대의 용봉단차龍鳳團茶에서 변화된 것으로 주요 원산지는 서쌍판납과 이무易武지역이다. 지금은 주로 맹해盟海에서 생산하고 곤명・경동・하관 등에서도 생산된다.

완성품 칠자병차는 원형이며, 중간 부분은 두텁고 가장자리는 약간 얇다. 규격은 직경 20cm, 중심 두께 2.5cm, 가장자리 1~1.3cm이며, 중심부분에 조금 들어가 있는 부분은 1cm 이하이다.

전차磚茶 직사각 또는 벽돌 모양으로 긴압시킨 차를 전차라고 한다. 가장 유명한 전차는 곤명차장의 7581전차로 오랫동안 지속적으로 생산 판매된 대표적인 숙차이다. 70년대 초기에 생산된 7581전차를 '조향전棗香磚'이라 부르고 70년대 중반에 생산된 7581전차를 '73磚' 또는 '문혁전文革磚'이라 부른다.

타차沱茶 사발을 엎어 놓은 형태로 긴압시킨 차를 말한다. 교통이 편리한 하관下關지역에서 주로 생산되었다. 하관에서 만들어진 타차는 주로 수출용으로 만들어져 미국이나 유럽 등으로 수출되었다.

긴차緊茶 표고버섯모양으로 긴압시킨 차를 말한다. 버섯모양의 긴차는 불해佛海차창에서 만들기 시작했으며, 티벳 사람들과의 교역품으로 사용되었다. 버섯모양의

긴차는 포장된 차와 차 사이에 공간이 생겨서 공기가 잘 통하여 마방馬幇의 장기간 운송 도중에 곰팡이가 생기는 것을 막아주었다. 1960년대 계획경제 시기에 맹해차창은 주로 병차를 생산하게 하고, 하관차창은 긴차와 타차를 생산하도록 국가에서 배분하였다.

소타차小沱茶 초콜릿처럼 작은 모양의 타차를 말하며, 주로 저가품을 생산한다.

산차散茶 긴압시키지 않은 차를 말한다.

3) 보이차의 선별

(1) 생차(청병)와 숙차(숙병)의 구별

생차와 숙차의 구별방법은 크게 세가지로 나누어진다.

첫째, 외형을 봤을 때 찻잎이 살아있으면서 고르게 긴압되었으면 생차이고, 떡처럼 뭉그러진 느낌이 든다면 숙차이다.

둘째, 오래된 생차의 경우 찻잎이 고르게 갈색을 띤다. 시간이 흐를수록 찻잎이 붉게 발효되기 때문이다. 반면 숙차는 잎의 색상이 검다. 악퇴 과정을 거치면서 색상이 검게 변하기 때문이다.

셋째, 엽저 상태를 보았을 때 생차는 잎이 살아있으면서 탄력이 있다. 반면 숙차는 손으로 만져보면 찻잎이 뭉그러지며 검은색을 띤다.

생차

숙차

(2) 건창과 습창

완성된 보이차를 보관하는 방법에 따라 건창 보이차와 습창 보이차로 나눈다. 건창 보이차는 통풍이 잘되는 창고에 보관하여 차를 천천히 자연 발효시킨 차를 말한다. 또한 보이 숙차를 만들기 위한 과정중의 악퇴 공정은 정상적인 기술로, 합리적인 온도와 습도 조건 아래서 짧은 기간에 차를 순하고 부드럽게 하는 공개적인 보이차 숙차를 만드는 방법이다. 보이차는 보관하는 방법에 따라 그 성질이 많이 달라질 수 있다. 생차일지라도 습기가 많고 온도가 높은 창고에 보관해두면 생차 특유의 맑고 깊은 맛을 내지 못하고 텁텁한 맛을 내게 된다. 거꾸로 악퇴기법으로 만든 숙차라도 건창에 오래 넣어두면 보다 맑고 단맛을 내게 되지만, 발효의 속도는 상대적으로 느려지게 된다.

일반적으로 건창에 넣어둔 차와 달리 습창에 넣어둔 차는 너무 빠른 발효가 이루어져 보이차 특유의 품격이 사라진다. 습창 보이차는 습도가 높은 지하실이나 동굴 등에 보관하여 빠른 기간 안에 발효시킨 차로 비정상적인 방법이다. 차창에서 쾌속 발효한 숙차와는 근본적으로 다른 것이다. 습창은 건창처럼 자연 조건에서 오랜 기간 후발효한 것이 아니며, 고온 다습한 곳에서 인위적으로 빠르게 발효된 보이차를 말한다. 가짜 보이차가 많다고 하는 것은 이런 습창차를 오랜 기간 후발효한 보이차(건창보이차)로 속여서 팔기 때문으로 보인다.

차 외형이 밝은 색상을 띠고 깨끗하며 갈색으로 변해 있으면 건조한 창고에서 보관된 차로 볼 수 있고, 색상이 검고 곰팡이가 많이 생긴 차는 습기가 많은 창고에서 보관된 차이다. 차를 우렸을 때 향과 맛이 맑고 순수하지 못하고 곰팡이 냄새나 목에 걸리는 듯한 느낌이 들면 습창차로 볼 수 있다

잘못 선별된 습창변질 보이차의 예

(3) 보이차의 품평

보이차를 품평하고 또 좋은 차와 그렇지 못한 차를 구별하기 위해서는 기본적으로 보이차의 특징을 알아야한다. 좋은 보이차는 색 · 향 · 미의 3대 조건을 갖추어야 하며 엽저의 관찰도 좋은 판단기준이 된다. 오래된 노목에서 채취한 찻잎을 사용한 것이 좋으며, 보통 숙병은 10년 정도, 청병은 20년 정도 숙성된 것이 제 맛을 낸다. 가능한 건창방식으로 숙성된 것이어야 한다. 구입을 위한 시음용으로 마실 때는 고온에서 3번 이상 우려내어 품평하고 최대한 진하게 우려내어 마시는 것이 감별하기 쉽다. 매번 우릴 때 마다 색향미의 차이가 없고 탕색이 맑을수록 좋은 차이다. 보이차는 대엽종을 원료로 사용하여 말린 찻잎으로 여리면서 도톰하고 탕색은 진홍색을 띠며 진향(陳香 혹은 달콤한향, 용안향)이 나고 맛은 순하고 온화하면서도 뒷맛이 단 것을 선별해야 한다. 보이차의 품질은 탕색 · 향 · 맛 · 엽저의 상태 등 4가지 요소에 의해 평가한다.

탕색 고품질의 좋은 보이차의 탕색은 투명한 진홍색이다. 탕색이 혼탁하고 맑지 않은 것은 좋지 않은 차이다. 생차는 보관기간이 오래된 정도에 따라 처음의 연한 황색에서 점점 맑은 붉은 빛을 나타낸다. 등황색이 지나치게 연하거나 어둡거나 검고 탕색이 혼탁한 것은 좋지 않다. 숙차는 더 짙은 색이 나지만, 완전히 검은 빛이 돌거나 탁하면 좋지 않다.

향 보이차의 향은 깊고 은은하면서도 순수한 향을 내는 것이 핵심이다. 곰팡이 냄새와 보이차 특유의 진향陳香을 구별할 수 있어야 한다. 만약 습한 곰팡이 냄새가 나는 것이라면 정상적인 제품이라 할 수 없다. 곰팡이 냄새는 묵은 향이 아니라 변질된 향이다. 진향이라는 것은 보이차가 후발효되는 과정에서 미생물과 효소의 상호작용으로 여러 가지 화학성분이 만들어지면서 생성된 새로운 물질에 의한 종합적인 향이다. 잘 익은 보이차에서 나는 진향은 사람을 편안하고 유쾌하게 만든다.

맛 좋은 보이차를 마시면 '순수하고 잡맛이 없다, 맛이 풍부하다, 부드럽다, 깔끔하다, 맑다'라고 느낀다. 보이차 맛을 평가 할 때 중요하게 여기는 것은 특유의 순수하고 조화로우며 깊고, 매끄러우며 상쾌하면서 뒷맛이 단것이다. 순수하고 조화로우며 깊다는 것은 잘 익어서 잡맛이 없고 깨끗하면서 또 그 맛이 풍부한 것이고, 매끄럽다는 것은 차를 마셨을 때 입안에서 목으로 부드럽게 넘어가고 떫거나 걸리는 느낌이 없는 것을 말한다. 뒷맛이 달다는 것은 차를 마시고 난 뒤에 입과 혀에서 단맛이 느껴지며 침이 고이는 것을 말한다. 뒷맛이 오래가면서 강할수록 좋은 차이다.

보이차의 맛은 보통 단맛 · 쓴맛 · 떫은 맛 · 신맛 · 무미 등으로 이루어진다. 이 중에서 단맛은 보이차 애호가들이 가장 즐기는 맛으로 오랜 세월동안 발효 · 진화한 후에야 비로소 쓴맛 · 떫은맛이 사라지고 은은한 단맛만이 남게 된다.

쓰고 떫은맛은 찻잎 특유의 맛이다. 차는 쓰지 않고 떫지 않으면 차가 아니라고 하였다. 그러나 오래 숙성된 좋은 보이차의 떫은맛은 아주 연하고 부드러워, 입안에 침이 배어 나오게 하는 작용을 한다.

대개 신맛과 무미는 기피하는 편이다. 찻잎 자체의 품질이 떨어지고 차의 보관 상태가 불량하면 신맛이 난다.

엽저 엽저는 차를 우려내고 남은 찻잎을 말한다. 엽저를 볼 때는 색과 광택, 유연도 그리고 잎이 부스러지지 않고 완전한가를 살핀다. 생차의 경우 좋은 보이차 엽저는 갈홍색 또는 검은빛을 띤 갈색이고, 잎 전체가 고르게 윤이 나고 반점이 거의 없으며 모양을 유지하면서 만져보았을 때 부드러우며 탄력이 있다. 숙차는 잎이 부서져 있고 검은빛을 띤다.

(4) 보이차의 보관

보이차는 오래 보관 할수록 품질이 향상되고 가치가 높아지는 특성을 지니므로 소장의 가치를 가진다. 특히 긴압된 생차는 오래 보관하고 소장하기에 좋다. 오래된 보이차의 가격이 점점 상승하고 있는데, 특히 2003년부터는 가격상승 폭이 더욱 높아졌다.

보이차는 제다공정이 완료된 뒤 미생물에 의해 장시간의 숙성기간을 거쳐야하는 차이다. 살아있는 미생물에 의해 발효되는 만큼 보관에 세심한 주의가 필요하다. 생산된 당시에는 동일한 차일지라도 보관되는 환경에 따라 전혀 다른 맛과 향과 효능을 가진 차가 될 수 있다. 보관 장소는 직사광선이 비치지 않고 통풍이 되며 잡냄새가 배어들지 않는 곳이면 된다. 냄새가 강한 물건이 가까이 있으면 냄새를 흡수하는 차의 성질 때문에 특별한 주의가 필요하다. 특히 전용 냉장고가 아닌 일반 냉장고 안은 피해야 한다. 너무 고온에서 보관하면 진향이 보존되지 않으므로 난방이 잘 되는 방은 피하는 것이 좋다. 현재 보이차는 면지를 이용해 포장되고 있는데, 면지는 공기가 잘 통해 보이차의 후발효를 돕고 잡맛을 여과시킨다. 이는 생차·숙차 모두 마찬가지이다. 보이차 구입 후 비닐에 싸두는 것은 좋지 않다.

면지로 포장되어 있는 보이차는 차를 조금씩 떼 내어 사용하면서 보관하면 되고 항아리나 옹기 등을 이용할 때는 차의 뭉쳐진 결을 따라 편을 내어 용기에 담은 후 입구에 한지를 놓고 뚜껑을 엎어 보관한다. 여러 종류의 보이차를 장기간 보관하면서 숙성시킬 경우에는 포장지를 벗겨내지 말고 같은 종류의 보이차끼리 항아리에 넣은 후 실내에서 보관하면 된다. 다만, 온돌일 경우에는 바닥에 닿지 않도록 한다.

4) 차마고도

차마고도茶馬古道는 실크로드보다 더 오래된 차 교역로로 문명교류의 통로였다. 차마고도는 운남과 사천에서 시작하여 티베트의 창도昌都에서 만나서 티베트를 관통하고 서남아시아와 중앙아시아 중동까지 연결되는, 기나긴 차의 유통로이다. 지금까지 발견된 자료에 의하면 보이차 운송길, 즉 차마고도는 6개가 있다고 한다.

이 길들은 대부분 청나라때 보이차 상점들이 즐비한 이무易武에서 출발해 곤명昆明을 거쳐 북경으로 간다.

차마고도 중 가장 험한 길은 티베트로 가는 길이다. 이 길 역시 이무에서 출발해 하관과 샹그리라香格里拉를 거쳐 티베트에 도착했다. 수천 킬로미터의 길 좌우로는 장쾌한 고원의 풍광이 펼쳐져 있고 다양한 사람들의 삶이 녹아 있으며 수많은 역사의 흔적들이 쌓여 있다.

BC109년과 105년에 한무제漢武帝는 두 차례에 걸쳐 운남 정벌에 나서, 곤명의 토착 세력을 제압하고 주변 지역을 복속하였다. 이때부터 한漢의 국경은 남으로는 미얀마, 서로는 티베트까지 넓어졌다. 당나라 때 와서 티베트의 토번吐藩왕국이 크게 일어났으며, 티베트와 동남아시아 서아시아에 차 마시는 풍습이 생기게 되자 차마고도는 본격적으로 흥성하게 된다.

티베트인들이 차를 마시기 시작한 것은 4~5세기부터라고 알려졌다. 당시 티베트인들은 일종의 끓인 나무껍질과 같은 차를 마셨는데, 이는 맹물보다는 나았다. 본격적으로 차 문화가 형성된 것은 641년 당나라 문성공주(文成公主, 625 ?~680)가 티베트를 통일시킨 티베트 왕국의 32번째 왕 송찬간포松贊干布(송첸감포)와 결혼하면서부터다. 공주는 '결혼지참금'으로 차를 가져왔다. 공주는 차 마시는 것을 좋아했고, 차 마시는 방법을 티베트인들에게 전수했다. 1388년 발행된『서장왕통기西藏王統記』에 따르면, 치즈와 버터를 가지고 차 만드는 방법을 개발하고 이것으로 손님접대를 한 장본인이 문성공주였다고 한다.

해발 3000미터 이상 되는 고원지대에 사는 사람들은 보리가루, 버터와 같은 유제품과 양이나 야크 고기를 주식으로 삼는다. 차는 고원지대에 사는 티베트인들에게 지방을 분해해주고 수분을 공급해 건조함을 예방해주는 매우 유용한 것이었다. 차를 마시는 것은 야크고기와 야크버터를 먹는 티베트인들의 소화를 도왔을 뿐만아니라, 과일 섭취가 어려운 티베트인들에게 비타민을 공급해줄 수 있었다. 이러한 이유로 차 마시는 습관은 티베트 전역으로 퍼져나갔다.

이들 지역에서 나오는 우수한 말과 노새는 차와 좋은 교역품이 되었다. 마침 중국 내륙지역에서는 당나라가 팽창하면서 군대에 많은 말이 필요했다. 중국학자들은 이러한 상황을 차마고도가 형성된 가장 중요한 배경으로 꼽는다.

차와 말의 교역은 당대에 시작되어 송대에 더욱 성행했다. 차마교역은 티베트와 송나라 사이에 서로 물질적인 필요 뿐 아니라, 정치적인 연대를 가지는데 도움을 주었다.

티베트로 가는 보이차 운송은 대부분 당나귀와 노새가 맡고 있었는데, 그것은 이들이 말보다 몸집은 작지만 체질이 강하고 거친 먹이를 잘 먹으며, 지구력이 강하기 때문이다. 말・당나귀・노새가 하루에 걸을 수 있는 길이 60km라고 한다. 때문에 대부분 60km마다 하나의 마역馬驛이 있었다. 말 한 필이 부담할 수 있는 화물의 무게는 60kg이다. 즉, 60kg 이하의 화물을 지녀야 비로소 하루 60km를 갈 수 있다. 이런 조건들을 모두 헤아려 만들어진 것이 보이차 한 편의 무게 즉, 357g이다.

357g이 7편이면 한통이 약 2.5kg이된다. 2.5kg씩 12통이면 한 대바구니가 되는데, 이것이 30Kg으로 말의 양쪽에 대바구니 각각 하나씩을 실으면 60kg이 된다. 이것이 보이차의 무게가 한 편당 357g인 이유이다.

운남성 여강麗江은 차마고도의 교통요충지 이다. 여강에는 마방들이 서로 싣고 온 물품들을 교역하는 시장이 크게 형성됐다. 차와 말의 교역뿐만 아니라 중국은 티베트로 담요・천・면화・사금・소금・철・금・은 등을 수출하고 티베트는 중국으로 동충하초・녹용・홍화 등을 수출했다. 매년 시장에 나오는 노새가 1만 필 이상, 찻잎 무역은 5만 근이 넘었다. 말을 함께 보관해주는 여관업이 흥했고, 물건 보관하기나 여물 주기 같은 부수적인 직업도 생겨났다. 이들 여관이 하루에 수용하는 말만 해도 200~300필에 달했다. 마방들은 봄철에 가장 많았으나 사시사철 끊이지 않았다고 한다.

차마고도는 단순히 물자만 운송했던 길이 아니다. 중국 학자들은 차마고도를

2005년 마방 기념차

한·티베트 양대 문명이 발생하고 서로 교류하며 융화한 길로 평가하고 있다. 당송 시대 이래로 중국의 운남·사천과 티베트의 문화를 잇는 통로 역할을 했을 뿐만 아니라 인도의 불교문화를 중화권으로 들여왔으며, 중국의 쌀 재배·실크·찻잎·자기·종이 문화 등이 차마고도를 거쳐 인도 문화에 영향을 줬다고 보고 있다.

차마고도는 보이차 산업의 발전을 촉진시켰고 이 지역의 경제와 문화도 발전시켰다. 지금도 보이현에는 비교적 원형이 잘 보존된 차마고도 3곳이 남아 있다.

3. 차와 건강

1) 차의 효능

'이른 아침의 차 한 잔은 약장수를 굶겨 죽인다' 는 중국 속담이 있다. 차는 약은 아니지만 건강증진 효과가 있다는 것은 분명하다. 동양문화에서는 차는 여러 질병의 예방과 치료에 필요한 의학적 효능을 가지고 있다고 믿어져 왔다. 차는 몸에 유익하면서 정신세계를 풍요롭게 하는 귀중한 음료로 간주되었다. 당 모문석毛文錫의 『다보茶譜』에서는 "차 한 냥을 땅에서 솟은 물에 달여 먹으면 숙질宿疾이 낫고, 두 냥이면 안질이, 세 냥이면 근육이 단단해지고, 네 냥이면 신선이 된다"라고 적고 있다. 『본초강목』에서는 차를 오래 마시면 몸 안팎에서 기름기를 빼고, 장을 튼튼하게 하여 설사를 멎게 하며, 열을 내리고 눈을 밝게 하여 잠을 쫓는다고 하였다.

〈차의 비타민 비교〉

비타민 A (단위 : RE/100g)	
녹차	2400
홍차	1050~1350
간	4500
고구마	700

비타민 B (단위 : mg/100g)		
	B1	B2
녹차	0.3~0.5	1.2~1.7
홍차	0.1~0.13	0.5~0.6
숙주나물	0.08	0.1
효모	1.5	4.15

비타민 C (단위 : mg/100g)	
덖음 녹차	233
증제 녹차	279
문산포종차	202
홍차	0
레몬	43
귤	68

자료 : 臺灣 行政院 茶葉 改量場

차에 함유된 유기화합물은 400종류 이상이다. 그 중 잘 알려진 성분은 데아닌・카테킨・각종 비타민・카페인 등이다. 차의 단맛은 거의 데아닌의 작용에 의한 것이고, 떫은 맛은 카테킨으로 부터 만들어진다.

중국차에 함유된 성분은 중국차의 발효도와도 관계가 있다. 비타민은 발효에 의해 적어지지만, 카테킨은 발효에 의해 폴리페놀로 변한다. 폴리페놀은 적포도주나 쵸코렛에도 함유되어 있는데, 몸의 녹이라고도 불려지는 활성산소의 발생을 억제하는 역할을 하는 것으로 최근 주목되고 있다. 특히 오룡차의 폴리페놀은 당뇨병이나 암의 예방, 중성지방의 분해, 혈류의 향상, 노폐물 배출 등의 효과가 있다고 한다. 흑차에는 혈액중의 지방산을 분해하는 효과가 있고, 녹차에는 다량의 비타민이 함유되어 있다.

차의 화학 성분은 현대에는 역학 조사, 동물모델 실험 등을 통하여 구체적으로 밝혀지고 있는데, 품종・토양・채엽 시기・제조 방법・보관 상태・우려내는 방법 등 여러가지 요인에 의해 달라진다. 수용성 성분이 약40%이며, 나머지 60%는 불용성 성분이다. 수용성 성분의 경우 우리는 횟수에 따라서 침출 정도가 달라진다. 처음 우리는 차탕에 침출되는 성분은 약 12%이므로 최소한 세 차례 이상 우려마셔야 유용한 성분을 충분히 섭취할 수 있다. 불용성 성분을 모두 섭취하기 위해서는 가루차를 이용해야 한다.

2) 차의 성분과 기능

차의 독특한 맛의 주성분 중 주로 쓴맛과 떫은맛은 카테킨류에 의하여 생긴다. 더불어 카페인과 사포닌도 쓴맛에 영향을 준다. 단맛과 감칠맛은 주로 아미노산류에 의하여 생긴다. 따라서 차는 잎을 빨리 딸수록 카페인・비타민・유리아미노산의 함량이 많으므로 단맛이 나며 늦게 딴 찻잎일수록 카테킨의 함량이 높아서 쓰고 떫은맛이 강하다. 카테킨은 온화한 쓴 맛과 떫은맛을 내지만, 불쾌감을 주지 않고 다른 맛과 조화를 이루어 깔끔한 풍미를 나타낸다. 카테킨은 찻잎에 들어 있는 성분 중 가장 중요한 기능을 한다. 맛과 색깔에도 관계되며, 차의 생리적 기능 성분으로서도 가장 많은 작용을 한다. 녹차 카테킨류의 주요성분인 EGCG는 성인병 및 암 예방에 관계하는 항산화작용을 할 뿐 아니라, 혈중 콜레스테롤을 저하시키고, 혈압을 조절 한다. 또 혈당치의 상승을 억제하며 항균작용을 하는 것으로 알려져 있다.

차의 카페인은 커피의 카페인과는 달리 과잉 섭취했을 때 나타나는 정신 불안 등의 부작용을 일으키지 않고 체내의 동화속도가 완만하게 나타나며 지속 시간도 짧아서 인체에 주는 부담이 적다.

녹차의 폴리페놀을 사람의 피부에 바르면 자외선에 의한 홍반반응을 억제하여 피부손상을 막는다. 녹차추출물을 피부에 사용하면 염증과 햇볕에 타는 것을 줄이고 피부암의 형성에 관여하는 여러 매개 물질들을 억제한다는 연구가 발표되고 있다. 최근 슈퍼마켓이나 화장품 판매점에서 녹차의 추출물을 이용한 스킨케어 제품이 많이 생산되고 있는 것도 이 때문이다.

차의 비타민A 성분은 피부와 점막을 보호하고 눈의 피로를 방지하는 역할을 한다. 비타민B군은 피로회복을 돕고 과산화지방을 분해하여 동맥경화를 예방한다. 찻잎의 비타민C는 혈관을 강하게 하여 고혈압과 동맥경화를 억제한다. 또 비타민C가 항산화력을 높여주어 차를 마시면 노화가 지연되고, 고운 피부가 유지되는 효과가 있다.

차의 종류에 따라 성분도 다른데, 녹차에는 카테킨류가, 오룡차 종류에는 폴리페놀이, 홍차에는 데아프라빈 등이 풍부하게 함유되어 있다.

차는 화학적 암 예방제에 비하여 중요한 이점을 가진다. 독성이 없고 가격이 비싸지 않아서 누구나 마실 수 있으며, 매일 음용해도 인체에 무리가 없다. 차의 음용은 공복에 너무 진한 차를 마시거나, 지나치게 많이 마시는 것만 피한다면, 육체적 · 정신적 건강에 두루 좋은 매우 유익한 일이다.

〈차의 종류와 함유성분량 비교〉

성분	녹차	오룡차	홍차
타닌	☆☆☆☆	☆☆☆☆	☆☆☆☆
카테킨	☆☆☆☆	☆☆	☆
폴리페놀	☆	☆☆☆☆	☆☆☆
데아프라빈 등	☆	☆	☆☆☆☆
카페인	☆☆☆	☆☆☆	☆☆☆

자료: 福建省 中醫業 研究阮

제4장

중국차와 다구

중국차와 다구

1. 중국도자기 변천사

중국은 예로부터 "도자기의 나라[瓷國]"라고 불려 왔는데, 중국을 영어로 "China"라고 부르는 것도 여기에서 연유한다. 도자기의 도시 경덕진의 옛 이름이 창남昌南이었는데, 이것을 서양사람들이 차이나라고 발음하였던 것이다. 차문화는 도자기 예술의 변천과 함께하여 왔다. 음다법의 변화는 곧 도자기의 변화를 가져왔다. 이러한 측면에서 중국 도자예술의 변천과정을 살펴보기로 한다.

1) 당오대 도자기

자기는 중국 고대의 중요한 발명품 중 하나로 유구한 역사를 가지고 있다. 본격적인 시유자기施釉瓷器가 출현하기 이전의 고화도 소성 자기를 원시청자原始青瓷라 일컫는다. 원시청자는 회유灰釉계통의 유약, 고온소성에 적합한 고령토가 사용된 점 등에서 자기로 평가된다. 이 회유청자가 발전을 거듭하여 동한・서진 시기에 이르면 기술적인 안정을 이루어 청녹색이나 청회색・황녹색을 띠는 청자다운 풍격의 자기가 탄생한다. 이 청자가 두 갈래로 나뉘어져 백자와 흑유자기로 발전되었다.

중국 도자기 발전의 역사에서 당・오대는 그 이전과는 확연히 다른 획기적인 발전이 이루어진 시기이다. 많은 문헌자료에 당시 가마의 숫자가 수백을 헤아렸다고 기록하고 있으며, 안휘・호남・사천성 각지에서도 가마터가 생겨, 청자와 백자・삼채・녹갈색자기가 만들어졌다.

당 월주요 청자다완

당 형주요 백자 다병

절강성의 월요越窯 청자는 전통적인 청자를 대표하고, 하북성의 형요刑窯 백자는 백자를 대표하므로 오늘날 사람들은 "남청북백南靑北白"이라는 말로 당대 자기의 개황을 표현한다. 이 시기 도자기의 양상은 육우의 『다경』에 잘 표현되어 있다. "다완은 월주가 제일 좋고, 그다음은 정주, 그 다음은 악주..."라 하여 월주요 청자를 최상으로 간주했음을 알 수 있고, 월주요 이외에도 많은 도요지가 있었음을 알 수 있다.

당대 자기는 여전히 청자가 중심이 되었다. 백자는 형요를 중심으로 생산되었다. 백자는 철분이 적은 태토에 무색의 투명유를 발라 구운 도자기이다. 이러한 연질백자는 후한 시대부터 이미 나타나기 시작해 수・당대에는 널리 보급되었다. 한편, 장사요長沙窯에서는 그릇에 문양을 그리는 기법이 만들어 졌다.

당・오대 자기는 그 종류가 다양했을 뿐만 아니라 공예법이 섬세하고, 조형도 뛰어났다. 조형은 당시의 금기・은기를 많이 모방하여 정밀하면서 우아하다. 태토는 더욱 더 견고해지고 세밀해져서 두드리면 금속이나 돌을 두드리는 소리를 내었다. 일찍이 당대 궁정의 악사들은 월요의 청자완과 형요의 백자완을 악기로 이용하여 아름다운 음악을 연주했다고 한다.

2) 송원 도자기

송대는 우리나라 고려시대에 해당하던 시기로, 우리가 그러하였듯이 중국도자 사상 황금시대를 영위하였다. 차문화의 융성으로 사회 각 계층의 자기에 대한 수요가 확대되었다. 송대에는 대외 무역을 중시했기 때문에 중국자기의 해외 시장이 확대되었다. 정요定窯・자주요磁州窯・용천요龍泉窯・경덕진요景德鎭窯・길주요吉州窯・건요建窯 등의 유명 도자기 생산지에서 각종 도자기가 생산되었다. 강서성의 경덕진요는 은은한 청색빛을 띈 백자로 푸른그림자라는 별칭을 가지고 있는 '영청影青' 즉 청백자를 생산하였으며, 요주요・용천요는 청자를 생산하였다. 길주요・건요는 흑유黑釉 천목다완 즉 건잔建盞을 통해 그 화려한 기술을 선보였고, 자주요는 유약 밑에 그림을 넣거나 유표면에 채화(overgraze)하는 등의 다양한 기술을 구사한 서민적인 일용품을 공급하였다.

민간 가마의 생산이 크게 발전한 상태에서 조정에서는 '관요官窯'를 설치하여 궁정에서 사용할 자기를 전문적으로 생산하도록 했다. 이로서 송대의 자기는 관・민의 두 가지의 다른 예술적 스타일을 가지게 되었다. 관요 자기는 고대의 동기・금기・은기나 옥기를 많이 모방했는데, 엄격한 규범에 따라 형체와 크기가 정해졌다.

송 건요 흑유잔

송 용천요 청자향로

원대 경덕진요에서는 청백자를 계속 생산한 것 외에도 청화백자青花白磁 · 유리홍釉裏紅 등 새로운 품종을 개발 해냈다. 청화백자는 코발트계 청화채료로 그림을 그리고 투명유약을 바른 다음 다시 고온으로 구워낸 자기로 원대 때부터 본격적으로 생산되었다. 청색의 빛깔은 생산시기에 따라 원대는 무겁고, 명대는 우아하며, 청대는 깊고 맑다고 표현된다. 원은 경덕진에 관청에서 사용하는 도자기의 생산을 관장하는 '부량자국(浮梁瓷局 : 부량은 경덕진의 옛 이름)'을 설치하였다. 이로써 경덕진이 명 · 청 양대에 전국의 자기 생산의 중심지로 자리잡는데 공고한 기초를 다졌다. 중국 도자발전의 역사에서 원대는 이전 세대와 다음 세대를 연결하는 중요한 시기이다. 중국도자사에서 등장하는 모든 기법들이 사실상 송에서 원대에 이르는 기간 동안 이루어졌다.

전송인 십팔학사도(傳宋人 十八學士圖)

원대 내몽고 벽화

3) 명청 도자기

명 · 청시기에 중국의 도자 생산은 더욱 다양해 졌다. 명대 이후에는 자기의 생산과 수요의 대세가 청자 중심에서 백자 중심으로 이행되듯이, 청화백자와 오채자기를 중심으로 전환되었다. 오채자기는 코발트계 남색뿐아니라 적 · 녹 · 황 · 청 · 흑 등을 자유롭게 표현하는 것으로, 이미 고온으로 구운 백자나 청화백자 위에 다시 채색을 하여 저온으로 구워서 만든 자기를 말한다. 강서성 경덕진의 자기

명 선덕(宣德) 황지(潢地) 찻잔

청 도광(道光) 분채(粉彩) 개완

청 건륭(乾隆) 홍묘(描紅) 차호

제조업이 빠르게 발전하여 자기 생산을 주도하였다. 홍무제(洪武帝, 1368~1402)는 경덕진에 어요창御窯廠을 설치하고 관리를 파견하여 제작 과정을 감독하도록 했다. 전국의 가장 우수한 도공을 집중시키고, 우수한 원료를 독점하여 궁정에서 사용할 자기를 대량으로 생산하는데 지원을 아끼지 않았다. 각 왕조의 황제의 취향이 달랐고 유행도 변화했기 때문에 도공들은 생산 기술을 부단히 개선하였고 따라서 새로운 자기의 색상과 품종이 계속해서 탄생되었다.

청의 강희康熙·옹정雍正·건륭乾隆 3대代는 중국 도자기 역사 중에 기술적으로 최고 수준에 도달했던 시기이다. 강희제 때의 청화자기는 고급 청화안료로 그림을 그렸는데, 농도가 균일하고 색상이 선명하고 아름다워 특별한 품격을 이루고 있어 청화라는 예술 분야가 이미 새로운 경지에 올랐음을 확인할 수 있다. 강희제 때의 오채가 이룩한 중요한 성과는 유상남채(釉上藍彩 : 유약 위에 청화로 그림을 그림)를 발명한 것이다. 이로써 강희제 때 유약 위에 오채가 성행하는 계기가 되었다.

건륭 이후 중국은 정치적으로나 경제적으로나 사회 상황이 매우 악화된다. 특히 청대 말기는 내외적으로 우환이 끊이지 않아 전체 봉건 사회가 몰락의 길을 걷기 시작했다. 자기의 생산도 점차 줄어들었고, 색상과 품종도 급속도로 감소하기 시작하여 새로운 창작이라고 할 만한 성과도 없었고, 단지 강희·옹정·건륭 시기의 일부 품종을 모방하는 선에서 그쳤다.

중국도자기의 해외 수출

중국의 자기는 이미 수・당 시기에 해외로 전파되기 시작했다. 후대에 도자기는 해외 수출상품의 주요 품목이 되었다. 14세기에 이르러 동서간의 문물교류와 사람들의 왕래가 활발해졌다. 이 시기에는 항해술의 발달에 힘입어 대량수송이 가능한 해상실크로드가 주로 이용되었다. 이 길은 주로 중국의 도자기・향료・차 등이 서방으로 수출되었으므로 '도자기길' 이라고도 불렀다. 주요 항로는 중국 남부의 광주(廣州)・항주(杭州)・천주(泉州)・경원(慶元) 등의 국제무역항에서 출발하여 서쪽으로 동남아・스리랑카・인도・중동을 거쳐 유럽까지 이어졌고, 동쪽으로는 고려와 일본으로까지 연장되었다. 이 길은 중세에 동서양을 연결한 문화교류의 교량이기도 했다. 중국도자와 제조 기술의 해외 전파는 중국의 인류 문명에 대한 중대한 공헌 중 하나였다.

중국 도자기 수출의 대표주자는 청화백자였다. 청화백자는 14세기 전반 경덕진에서 대량생산되기 시작되었다. 그것은 중국내의 소비를 위해서라기보다 서남아시아로 수출하기 위한 것이었다. 하얀 바탕에 산화코발트를 안료로 하여 붓으로 문양을 그리는 기법은 이미 9세기 무렵에 메소포타미아 지역이나 이란의 네이샤부르에서 시작되었으나, 그 지역에는 중국과 같은 자토가 없었기 때문에 청화도기를 만들 수 있을 뿐이었다. 아라비아 상인들은 질 좋은 산화코발트가 발견되지 않았던 중국에 페르시아산 코발트를 안료로 제공하고, 경덕진의 자토를 사용하여 청화백자를 만들도록 했다. 서남아시아 사람들에게 1300도에서 구운 단단한 자기질 기물은 동경의 대상이었고, 그때까지 대량으로 수입된 대부분의 문양 없는 청자에 비해 옛날부터 자기들에게 익숙한 아라베스크 문양이 들어간 청화백자는 아라비아 시장 전역을 만족시키는 상품이었다. 따라서 이 국제적인 교역품은 아라바아 상인들을 위해 생산되었으며 경덕진에서는 그 주문을 받아 물건을 공급했다.

4) 경덕진 자기

중국 강서성의 경덕진에는 옛날부터 양질의 도토陶土가 생산되었고, 수륙교통이 편리해서 도공들이 모여들었다. 경덕진의 도자기는 한대漢代에 시작되어 오늘날까지 2000년이 넘는 역사를 지니고 있다. 『부량현지浮梁縣志』에 의하면, 당 초에 도옥陶玉이라는 사람이 도기를 가옥기假玉器라고 하면서 황제에게 헌상한 뒤부터 도요陶窯라고 불려 세상에 알려졌다. 북송 경덕연간(998~1003)에 진종眞宗황제에 의해 항주로 파견된 관리가 어용도자기 제작을 감독할 때, 감리에 통과한 모든 도자기 하단부에 '경덕년제景德年制'라는 글을 남긴 것에서 경덕진이라는 이름이 유래되었다. 즉 경덕진은 황제의 연호가 지역 이름이 된 것이다.

그 뒤 금金의 침공으로 황폐해진 화북지방으로부터 우수한 도공들이 들어와 질적・양적으로 다른 도요를 압도했고, 명・청 때에는 정부의 전용공장인 어요창이 설치되었다. 청대 세종・고종 때에는 인구도 40만에 달했으며 유럽으로의 수출도 활성화되었다. 최전성기인 건륭・옹정시기를 지나, 청 말기에는 수요의 과다로 저질품이 많아졌으나 지금은 도자연구소陶磁研究所・도기관陶器官을 중심으로 생산활동을 전개하며 근대공업도시로의 발전 구상 아래 지난날의 번영을 되찾고 있다.

명 만력(萬曆) 오채(五彩) 차엽관

청 옹정 경덕진 유리홍 찻잔

중국의 수많은 도자기 중 경덕진 도자기가 으뜸의 위치에 올라선 것은 바로 고령토 때문이다. 이곳의 고령토는 흙질이 조각하기에 좋고 철 함유량이 적어 도자기 원료 중 최고로 친다. 이 고령토로 빚은 경덕진 4대 명자기는 청화자기・청화영롱자기・분채자기・안색유자기이다. 청화영롱자기는 비취 빛 푸른 그림 위에 붉은색 · 노란색 · 녹색의 투명한 색깔로 모란 · 봉황 · 나비 등이 영롱하게 장식돼 붙은 이름이다. 분채자기는 도자기 전통의 장식기법으로 명말청초부터 제작되기 시작했다. 풍부한 색깔과 섬세한 그림으로 '동방예술의 밝은 구슬'이라 불린다. 안색유자기는 금속산화물과 천연광석을 이용해 1,300도의 고온으로 구워내며 인조보석으로 불린다. 현재 경덕진에서는 1백 50여종의 안색유자기를 생산하고 있다.

현대 생활도자기로는 경덕진의 박태자기薄胎磁器가 유명하다. 북송 때부터 제작된 박태자기는 당시엔 두께가 0.5mm정도로 얇아 속이 비칠 만큼 투명해 알껍질자기 라고도 불렀다.

중국은 지금 옛날의 도자기의 영화를 되찾기 위해 도자기 산업을 중점 육성하고 있다.

2. 다기의 세계

차를 마실 때는 찻잎의 색, 차의 향, 차의 맛, 찻잎의 모양, 심리적 상태, 차를 마시는 장소의 분위기 외에 다기의 예술성도 중요한 요소이다. 다기의 아름다움은 찻자리를 문화적인 공간으로 승화시키는 힘이 있기 때문이다. 육우는 『다경』 「사지기四之器」에서 다기에 대해 상세하게 설명하고 있다. 그는 차를 채취하고 생산에 사용하는 기구를 '구具'라 부르고, 차를 넣어서 마실 때에 사용하는 기구를 '기器'라 불렀다. 그러나 오늘날에는 일반적으로 통용해서 사용하고 있다.

명 왕문(王問) 자다도(煮茶圖)

중국차와 관련된 다기에 관한

최초의 서술은 서한시대의 '왕포王褒'가 쓴 『동약僮約』이라는 문서이다. 여기에 하인이 해야 할 내용이 기술되어 있는데, 다구를 이용하여 차를 팽다하는 일체의 관리를 하도록 하는 내용이다.

당대 귀족들은 금 · 은 · 주석 · 동과 같은 금속류의 다기를 이용하였으나, 일반 민중들은 도기 제품을 이용하였을 것으로 추측된다. 송대에는 흑유가 번성하였고 건요에서 생산되는 건잔 형식의 다완이 등장하는 등 불교의 융성과 투다의 유행으로 훌륭한 명품다기들이 도자기로 구워지게 되었다. 명대에 이르러 차는 또 다른 변신을 이루어 이제까지 주로 단차團茶형식이었던 차들이 서서히 산차散茶로 바뀌었다. 이에 따른 백자의 등장과 더불어 새로운 형식의 다기들도 나타나게 된다. 강소성 의흥宜興의 자사차호도 이 시기부터 전성기를 맞이한다. 청대의 다기는 현대의 다기와 거의 유사한 형식으로 정립되었다고 볼 수 있다. 경덕진의 자기와 의흥의 자사호가 '의도경자宜陶景瓷'라는 용어를 만들 정도로 시대를 대표하게 되었다.

다구의 종류는 매우 다양하지만 크게 나누어 청자다기 · 백자다기 · 흑유다기 및 채자다기 · 유리다기 · 대나무다기가 있다 이런 다구는 중국차문화 발전상 모두 중요한 부문이 되었다.

1) 청자다기

당 장사요(長沙窯)녹유 차호

청자는 중국 동부의 절강성에서 가장 많이 생산되며 질도 뛰어나다. 이미 동한시대부터 투명하고 광택이 나는 청자를 생산하였다. 진대晉代 절강의 월요越窯 · 무요婺窯 · 구요甌窯는 이미 상당한 규모를 이루고 있었다. 육우는 『다경』에서 월요 청자를 평가하여 옥과 얼음으로 비유하였으며, 육우 개인적으로 청자를 매우 선호하였던 듯하다. 그는 "월주의

자기와 악주의 자기는 모두 청색이기 때문에 차의 색과 더해져서 차탕의 색이 백홍색으로 보이게 한다. 형주의 자기는 흰색으로 차의 색이 붉게 보인다"라고 하면서 월주의 청자가 차를 마시는데 가장 적합하다는 의견을 보이고 있다.

송 가요(哥窯) 회청규(灰青葵) 다완

송 용천요 취청자(龍泉窯 翠青磁) 다완

송 용천요 청자 다완

청자의 전성기를 이룬 송대는 차를 마시는 것이 일상생활의 일부가 되었고, 차가 생활의 필수품이었던 시대이다. 송대 오자목吳自牧의 『몽양록夢粱錄』에 "대개 가정에서 하루라도 빠뜨릴 수 없는 것은, 땔감·쌀·기름·소금·간장·식초·차이다"라는 말이 보이는데, 이를 '개문칠건사開門七件事' 라고 했다. 그만큼 다기는 필수품이었다. 송대의 청자다기는 얇고 아름다운 청색을 완성하였다. 취청翠青·회청灰青 뿐만 아니라 가장 아름다운 색인 비취색 청자가 생산되었다. 송대 5대 명요의 하나였던 절강성 남부 용천시에 위치하는 용천요에서 생산된 청자다기는 전성기를 이루며 각지로 보급되었다. 월주요의 영향으로 부상하기 시작한 용천요는 북송 후기에 청자 부흥을 주도하였다.

명대에도 송대의 청자를 이어받아 단정한 조형과 그윽한 빛깔, 우아한 문양을 이루었다. 16세기말 용천 청자는 유럽으로 수출되어 큰 인기를 모았다. 당시 유럽에서 이 명대의 청자는 진품으로 극찬되었다. 그러나 청자다기는 홍차나 백차·황차·흑차의 탕색을 돋보이게 할 수는 없었고, 포다법의 변화로 인하여 이후 백

당 형요 백자 합(盒)

북송 청백자 찻잔

명대 영락(永樂) 첨백(甛白) 차호

명대 영락(永樂) 첨백(甜白) 찻잔

자와 청화백자 다기에게 그 주도권을 넘겨주게 된다.

2) 백자다기

백자는 그 순백의 색과 광택에 의해 차탕의 색감을 모두 반영할 수 있다. 투명하고 치밀하게 만든 질그릇에 유약을 바르고 고온에서 구우면 흡수성이 없어진다. 따라서 백자는 차를 마시는 다기로서 보편화 될 수 있었다. 일찍이 당대의 하북성 형요邢窯에서 생산되는 백자가 가장 유명하다. 당대 이조李肇의 『당국사보唐國史補』에서 당시 사람들이 단계석벼루와 백자를 애용하였다는 기록을 볼 수 있다.

육우는 『다경』에서 형요의 백자를 평가하여 "형요는 은과 같고, 눈과 같다."라고 하였다.

송대 태평노인의 『수중금袖中錦』에서 천하제일로 들고 있는 물목 가운데서, 도자기로서는 정요定窯의 자기와 고려비색高麗秘色 두 가지이다. 여기서 말하는 정요의 자기는 백자이다. 청자가 가장 융성했던 송대에도 정요의 백자는 여전히 천하제일로 꼽히고 있었음을 알 수 있다.

원대에 이르러 강서성 경덕진의 백자다기는 이미 국외로도 널리 알려졌다. 각종 차의 색감을 모두 표현할 수 있는 장점 때문에 백자다기는 더욱더 발전하였다. 더구나 백자다기는 우아한 장식과 문양에 적합하였다. 외벽에 산수화나 화초·동물·인물·명인의 서체 등 다양한 문양을 넣어 예술적 가치를 높일 수 있다. 고품질의 백자가 있었으므로 후대에 청화백자를 비롯한 각종 채자다기가 탄생할 수 있었다.

명대에 이르면 다법의 변화에 따라서 녹차의 탕색을 표현하기에 가장 좋은 백자가 찻잔으로서는 최고로 인식되었다. 특히 정요의 백자잔이 가장 귀중하게 여겨졌다. 청대 람포藍浦의 『경덕진도록景德鎮陶錄』에는 "선덕연간의 하얀 찻잔은 빛나기가 옥과 같다."는 기록이 보인다. 특히 영락연간에 제조된 경덕진 백자찻잔은, 종이처럼 얇고, 옥처럼 희고, 구슬소리 소리가나나며, 거울처럼 밝아서 당시부터 '첨백甛白'이라고 불리워졌고 한다.

3) 흑유다기

흑유다기는 당말에 만들어져서 송대에 번성기를 이루고 명청시대에 쇠퇴하였다. 송대에는 다법도 변화하였고, 투다가 유행하였다. 투다의 유행은 흑유다기의 필요성을 더욱 높였다. 흑유다완 속의 하얀 포말은 그 자체로 아름다움이었다. 따라서 송대에는 흑유다완이 최고로 중요한 다기가 되었다. 복건성의 건요建窯, 강서성의 길주요吉州窯, 산서성의 유차요榆次窯 등에서 흑유다기가 대량생산되었다. 그 중 건요에서 생산된 흑유다완은 "건잔建盞"·"천목다완天目茶碗"으로 불리는 최고품이었다. 채양蔡襄의 『다록茶錄』에서도 이 투다를 위해서는 건잔이 좋다고 설명하고 있다. "하얀 차의 색

송대 건요 흑유 다완

송대 길주요 흑유 다완

천목다완天目茶碗

중국의 송대 건요 등에서 만들어진 흑유다완으로서 이 다완의 대부분은 절강성 천목산의 사찰에서 사용하였던 것을 일본의 승려가 일본으로 가지고와 유행시켰으므로 천목이라는 이름을 얻었고, 나중에 유약 자체를 흑유나 철유(鐵油)가 아닌 천목유(天目油)라 부르게 되었다. 천목다완이나 천목유라는 이름은 일본에서만 사용되던 용어였으며 중국에서는 아직도 천목다완 보다는 '건잔'이라는 이름이 우세하다.

일본에서 말하는 천목유에는 일본의 국보로 지정된 요변천목(曜變天目 : 7색이 광채를 발산한다)을 비롯해 유적천목(油滴天目 : 물속에 떠있는 기름같은 반점이 있다), 화목천목(禾目天目 : 중국에서는 토끼털같은 문양이 있다고 하여 토호잔이라고 부른다), 목엽천목(木葉天目 : 나뭇잎의 형태가 그대로 유약에 부조처럼 보인다) 등이 있다.

대나무 다구

중국은 수・당 이전부터 차를 마시는 습속이 널리 보급되었다. 이때 사용된 다구는 도자기 뿐만 아니라 대나무를 이용한 것도 매우 많았다. 육우의 『다경』에서 열거된 28종의 다구는 대부분 대나무로 만들어진 것이다. 대나무 다구는 원료공급이 충분하며 제작방법도 쉽고, 차를 깨끗하게 보관할 수 있으며 인체에도 해가 없다. 그래서 고대로부터 현재에 이르기까지 변함없이 이용되고 있다.

청대로부터 사천지역은 대나무로 엮은 다구가 많이 생산되었으며 현재도 공예품으로서의 가치를 평가받고 있다. 주로 찻잔・차완・차호・차반 등이 만들어지고 있으며 대부분의 보조다구도 대나무를 이용한다. 도자기로 만들어진 다구 외벽에 대나무 공예기법으로 장식하여 가치를 높이는 제품도 많다. 이러한 다구는 색상이 아름다울 뿐만 아니라 내부의 도자기를 보호하는 역할도 한다. 뿐만 아니라 차를 우릴 때 뜨거운 물로부터 손을 보호하는 기능도 한다.

을 표현하기 위해서 검은 잔이 좋으며, 건안에서 제조되는 토호잔은 조금 두꺼워 물이 잘 식지 않아서 유용하다"라고 했다.

건요의 흑유는 결정유結晶釉의 범주에 속하며 철분의 함량이 비교적 높다. 고온에서 구워지는 과정에서 가마내부 온도의 고저와 분위기의 변화에 의해 유면에 기이한 변화가 발생된다. 이러한 유면의 문양은 화려한 그림을 넣거나 색을 넣는 것과는 다른 것으로, 유약배합의 차이와 가마내부 온도 등에 의한 영향으로 신비한 매력을 가진 문양이 출현한 것이다. 건요 흑유자기는 유리화 정도가 비교적 높지만 유면의 광택은 눈을 자극하지 않으며, 고요하고 장중한 느낌을 준다.

명대에 들어서 다법도 변화하고 투다가 쇠퇴하면서 흑유다기도 점점 쇠퇴하게 되었다.

4) 채자다기

중국다구는 색상과 디자인이 매우 다양하여 청화다기를 비롯하여 오채五彩·유리홍釉裏紅·분채粉彩 등 각종 채료를 사용한 채자다기彩瓷茶器가 생산되었다. 그 중에서도 청화다기가 주목받고 있다. 청화다기는 산화코발트를 염료로 사용하여 도자기 위에 직접 도안을 그리며 그 위에 투명한 유약을 바른 후에 약 1300℃ 고온에서 구워낸다. 예전에는 흑·남·청·녹 등 색깔을 모두 '청'이라고 불렀으며, '청화'에 대한 범위가 현대보다는 넓었다. 특히 청화백자는 남색과 흰색이 조화를 이루어 선명하고도 유쾌한 느낌이 들게 한다. 그리고 염료 위에 유약을 발랐기 때문에 광택이 더욱 부각된다.

명 영락, 청화 차호

원대에는 경덕진을 중심으로 청화다기가 대량생산되었다. 청화다기의 회화·공예의 수준이 매우 높고, 중국 전통의 회화기법을 사용하였다.

명 선덕, 청화 찻잔

청 강희 청화 다엽관

청 강희 청화 다엽관

명대에 경덕진을 중심으로 청화의 차호・차완・찻잔 등 각양각생의 다기가 생산되었다. 영락永樂・선덕宣德・성화成化연간에 찬란한 청화다기의 전성기를 맞이한다. 람포藍浦의 『경덕진도록景德鎭陶錄』에는 "선덕・성화연간의 청화자기가 세상에서 가장 뛰어나다"고 했다. 경덕진 관요에서는 궁중에서 사용할 다기 뿐 아니라 서양의 제왕에게 줄 선물이나 하사품 또는 서양에 수출할 무역품으로도 많이 생산하였다. 이 시기에는 이슬람 조형 양식의 청화백자가 많이 생산된다.

청대 특히 강희・옹정・건륭 시기는 청화다기의 황금기라고 할 수 있다. 특히 강희연간에 만들어진 청화다기는 역사상에서 '청대의 으뜸' 이라고 부른다. 강희제 때는 유상남채(釉上藍彩 : 유약 위에 청화로 그림을 그림)를 발명하여 유약 위에 오채가 성행하는 계기가 되었다.

강희・옹정・건륭 시기는 경덕진 어요창이 새로운 품종을 개발했던 시기였다. 옹정・건륭 연간에 어요창의 감독관 당영唐英이 역대 유명한 관요의 색이 있는 유약의 도자기 연구에 힘을 기울여, 전통적인 오채도자기의 기초에 두채豆彩・분채등 새로운 형태의 도자기를 생산하게 되었다. 이러한 형태의 새로운 도자기는 한 가지색(청색)으로만 표현되어지던 청화백자의 단조로움을 대신하게 되었다. 그밖에도, 남유藍油・황유黃油・홍유紅油・녹유綠釉 등이 생산되어 도자의 무늬와 색상이 매우 다양해졌다.

청 건륭 분채 차호

청 옹정 녹유 찻잔

청 건륭 묘홍(描紅) 다완

5) 유리다기

투명한 광물질인 유리다기는 선명하고 광택이 나서 도자기와는 다른 느낌을 가질 수 있다. 당대에 중국과 서역의 교역이 활발해지자, 서방의 유리가 중국으로 수입되게 되었고, 이에 자극받아 중국에서도 유리다기의 제작이 시작되었다. 섬서성의 법문사法門寺에서 출토된 당대의 담황색 찻잔과 찻잔받침은 중국에서 생산된 유리다기이다. 디자인이나 장식이 간단하고 투명도도 낮지만, 유리다기가 이미 당대에 만들어진 것을 알려준다.

법문사지에서 출토된 유리기물은 모두 20가지다. 그중 위의 다완과 다탁을 제외하면 모두 이슬람 유리기물이다. 『당서唐書』, 무덕2년(武德 620)에 "토화라土火羅인이 황제에게 사신을 보내 유리 수정잔을 올렸다"는 기록이 나온다. 또 개원 · 천보(開元 · 天寶 713~756)연간에도 "토화라 인이 많은 홍색과 벽색의 유리를 올렸다"고 하고 있다.

송대에 이르러 중국 특유의 납의 함유량이 높은 유리다기가 생산되었다. 원 · 명대에는 규모가 큰 유리작업장이 산동과 신강 위구르지역에 나타났다. 청 강희제 때에는 북경에 궁정宮廷유리장이 개설되었다.

당, 법문사 유리다기

근대에 들어서 유리공예가 질적으로 발전하게 되자 투명도가 높고 광택이

나면서도 열에 강한 유리 다기가 인기를 얻게 되었다. 유리다기를 이용하면 차의 색깔, 찻잎의 모양, 그리고 찻잎이 물에서 반응하며 보이는 모습을 뚜렷하게 볼 수 있어서 녹차를 주로 마시는 중국인들에게 인기를 얻게 되었으며, 오늘날에도 널리 사용된다.

3. 자사호의 세계

1) 자사호의 역사

자사紫砂는 중국 강소성 의흥宜興의 특산품이며, 송대에 세상에 알려져서 명대 이후 비로소 여러 차인·문인들의 사랑을 받았다. 의흥은 태호太湖 서쪽에 위치하여 남북을 잇는 대운하에 인접해 있으므로 교통이 편리하며, 문화의 중심지였던 양주·항주·소주에 가까이 위치하고 있다. 명·청 양대를 통해 의흥자사를 칭송한 글이 수 없이 많은데, 의흥자사가 문인들의 사랑을 받게 된 것은 그 지리적 위치 뿐만 아니라 자사 자체의 질박하고 편리한 특성 때문이었다.

명 태조가 용봉단차龍鳳團茶를 만드는 것을 폐지하고, 찻잎을 원형대로 제다 하게하고, 엽차를 공납하게 한 후, 증청한 산엽차가 일반화되고, 음다법도 포다법으로 바뀌게 된다. 따라서 당송시대의 자다법에 맞는 대형 황토 도관陶管은 점점 사라지고, 우려 마시기 편한 소형 차호가 요구되었다. 이런 소형 차호 중에 자사재질로 만들어진 자사호는 열전도율이 낮고, 보온력·흡수력이 강하므로 차의 향과 맛을 온전히 보전할 수 있어서 인기를 얻게 되었다.

명, 자사 제량호

청대에 들어와서 자사호는 예술적으로 더 다채롭

게 발전했다. 현재 의흥 지방에서 수많은 도예가들이 예술적인 자사호를 만들고 있고 각 도예가들의 등급이 매겨져 있을 정도로 엄격한 관리가 되고 있으며, 중국내뿐만 아니라 세계적으로 차인들의 사랑을 받고 있다.

공춘 작

자사호는 가마터의 출토를 기준으로 볼 때, 이미 송대부터 만들어졌다고 볼 수 있으나, 명대 공춘供春이 자사호를 만든 시기를 초창기로 보고 있다. 공춘에 이어 자사차호의 기초가 다져지는 시기의 대표자로는 명대의 시대빈時大彬을 들 수 있다. 문헌자료에는 시대빈 이전에도 동훈董翰·조량趙梁·현석玄錫·시붕時鵬·이무림李茂林 등 다섯 대가大家가 있었지만, 이들의 작품은 전래되지 않는다.

시대빈 작

시대빈은 자사호의 전통공예 체계를 형성한 사람으로 자사호의 아버지로 불린다. 시대빈에 이르러 전통적인 도자기의 형태를 자사차호의 영역으로 수용하여 자사호만의 형태와 공법을 창조하였다.

청대로 들어서면 만주족이 중앙 무대를 이끌게 된다. 따라서 수많은 한족 지식인 그룹이 중앙권력으로부터 이탈하였는데, 이들의 문인적 저항적 성향이 자사호에 영향을 미치게 된다. 이러한 사회적인 조건과 맞물려 자사호는 독특한 성장기를 거치면서 중국을 상징하는 도자기 가운데 하나가 되었다. 이 시기부터는 차호에 글씨와 그림이 등장하며 문인취향의 사군자나 소나무 등의 문양이 나타나기 시작한다. 또 차호 밑에 다양한 형태의 낙관이 나타난다. 이 시기를 대표하는 작가로는 소대형邵大亨·진명원陳鳴遠 등이 있다.

자사호는 공물로서 궁궐에 헌상되었으며 건륭황제는 "하루라도 차없이 보낼 수 없다"고 할 정도로 차를 애호하였는데, 직접지은 시구를 다구에 넣어 제조하기도

청 만생(曼生) 제량호

청 임훈(任熏) 등하침사도(燈下沈思圖) 속의 제량호

청 만생 와당호(瓦當壺)

건륭 어제시(御製詩) 자사호

청, 진명원 작

하였다.

청말에 들어서면 문인기풍이 퇴조하고 소박하고 민간 예술적인 작품이 주류를 이룬다. 이 시기 문인들이 제작에 참여하여 보다 더 문화적인 예술성을 갖추게 되었다. 이 시대를 대표하는 작가는 범대생(范大生, 1874~1942)이며, 그의 작품은 민예기풍이 두드러진다. 범대생은 1915년 파나마 국제박람회에 출품하여 대상을 받고 1932년 런던 국제예술박람에서 금상을 수상하였다. 자사호는 일본·동남아시아·유럽으로도 수출되었다.

고경주(顧景舟, 1915~1996)는 자사호를 현대적으로 재정립 하였다. 그는 자연적 예술미와 민중적 실용미와 고전적 단아함의 결합을 시도하였다. 그는 "자사호란 그 자체로서 이미 완성된 예술이므로 공산주의사상에 맞지 않는 글씨를 새길 필요가 없다"고 했다. 그의 작품은 수려한 맛과 간결한 기풍을 가진다. 1955년 '자사공예방紫紗工藝房'을 열어 역사상 처음

청, 도광(道光) 자사호

청, 소대형 작

서한당 작

으로 자사와 관련된 체계적인 교육을 시작하였다. 오늘날의 대사와 명인급공예인들이 이 교육을 통해 성장했다고 볼 수 있다.

80년대 중반에 들어서면서 이러한 기풍이 무너지고 서양적 미술과 접목하거나 실용성을 무시하는 파격적인 예술적 변형이 이루어진다. 현대를 대변하는 장용蔣蓉·서한당徐漢棠·여요신呂堯臣등 개혁 개방 이후의 국가급 자사공예미술사 들이 출현하였다.

2) 자사호의 특징

의홍 자사호는 중국 도자 예술의 꽃이라고 할 수 있다. 의홍시에서 난 자사원광석으로 만든 차호를 자사호라 말한다. 자사紫砂는 일반적으로 자니紫泥, 주니朱泥, 녹니綠泥 세 가지를 통칭해서 자사라고 부른다. 원료가 되는 의홍의 자사 광석을 노천에 방치하여 풍화시킨다. 풍화가 덜 된 부분은 분쇄하고 체로 치는 공정을 거쳐 자사니를 만든다. 이 과정은 1년 정도의 시간을 요한다. 이 자사니를 이용하여 수공으로 자사호를 만든다. 자사호는 원료 자체의 색이 아름다워 별다른 유약 처리 없이도 좋은 빛깔을 낸다. 자사호는 유약을 바르지 않아 공기와 수분이 통하며, 고온에서 구웠기 때문에 뜨거운 찻물의 맛과 향에 영향을 주지 않으므로 다기로서는 최적의 조건을 갖는다. 따라서 고온의 물을 사용하는 중국차를 포다 할 때, 급격한 온도의 변화에도 깨지지 않으며, 찻물이 쉽게 식지 않는다.

자사호는 육안으로 볼 수 없는 미세한 구멍이 있어 오래 사용해도 찻물을 빨아들여 차 맛을 머금고 있으며, 열전도율이 낮아 손으로 만져도 데지 않고 잘 식지 않아서 여름에 차를 그냥 두어도 쉽게 상하지 않는다.

자니는 자사도기의 가장 중요한 원료로 의홍 황룡산黃龍山 일대에서 나온다. 녹니는 생산량이 적고 자니보다 내화력이 낮다. 녹니는 일반적으로 용기의 외면에 칠을 하거나 하여 다양한 색을 표현한다. 주니는 홍니라고도 하며 일반적으로 용기 표면을 장식하거나 꾸미는데 이용한다.

전통적으로 호를 만드는 방법은 자사니의 특성과 호의 모양에 따라 니편泥片을 둥그렇게 말아 호의 몸통을 만들거나 니편을 붙여서 호의 몸통과 부리·뚜껑을 만들고 손잡이를 붙인다. 전통적인 가마는 "용요龍窯"라고 부르는데, 경사지며 머리 쪽이 낮고 꼬리 쪽이 높다. 1100~1200도에서 40~42시간 정도 구운 후 15~24시간 이후에 꺼낸다. 완성된 호에 글씨나 그림 등을 그려 넣는 경우는 다시 굽는 과정을 필요로 한다.

3) 자사호의 종류

자사호의 모양은 크게 기하형태 모양, 자연형태 모양으로 나뉜다. 기하형태 모양은 원형·사각형·육각형 등의 기본형태나 그 형태를 변화시켜 만든 호로 '광화光貨'라고도 한다. 간결한 선, 조화로운 면, 단아한 아름다움이 매력이다. 광화는 외곽선의 조합, 각종 선의 변화, 면과 선의 각도, 거칠거나 풍성하거나 날렵하거나, 혹은 강건하거나 수려하거나 등의 변화를 통해 각각 서로 다른 품격을 나타낸다. 광화는 원형과 방형으로 나눌 수 있다.

원형차호

원형차호는 원圓·온穩·균均·정正의 조건

을 중시한다. 원은 이그러지지 않고 원만한 원형이나 타원형을 이룰 것을 말하며, 온은 호의 본체와 뚜껑·손잡이 등의 크기와 조화가 주는 안정감을 말한다. 균은 조화와 균형을 말하며, 정은 비례가 맞는 단정함을 말한다. 이러한 원온균정의 조건을 두루 갖춘 차호를 좋은 원형차호로 본다.

방형차호

방형차호는 외곽선이 분명해야 하고, 면은 흐트러짐 없이 세로면은 꼿꼿하고 가로면은 평평해야 하며 호의 입과 뚜껑이 딱 맞아야한다. 방형차호는 방을 중심으로 할 뿐 방만을 고집하지는 않는다. 모난 가운데 모서리가 부드럽게 굽은 것도 있으며, 굽은 것과 모난 것이 서로 가지런해야 한다. 모난 것과 굽은 것 사이의 조화가 있어야 차를 우릴 때 찻물의 흐름이 유연하고, 찻물을 따를 때도 물이 부드럽게 나온다. 방형차호에는 사방·육방·팔방 등이 있다.

자연형차호

자연형 모양 차호는 부조나 반부조 기법을 사용하여 여러 가지 물체를 표현한 것이다. '화화花貨'라고도 한다. 전통적으로 식물의 모양을 많이 따라했고 그 중 문인들이 좋아하는 사군자를 많이 사용하였다. 식물의 특성을 이미지화해서 국화모양이나 연꽃모양을 연상하는 차호가 많다. 유명한 공춘호供春壺·하화호荷花壺·서과호西瓜壺·망과호芒果壺·가단호茄段壺·죽절호竹節壺·송서포도호松鼠葡萄壺 등과 같이 호박이나 오이 종류, 꽃·나무·곤충·물고기·새·동물·일상용품 등을 예술적으로 표현한 것들이다.

4) 자사호의 관리

'좋은 호 하나 벗 삼아 평생을 보낸다[好壺一把伴平生]'는 말이 있다. 좋은 차호 하나를 벗 삼아 오랫동안 친구처럼 지내며 차를 마신다는 것은 차인들에게 크나큰 즐거움일 것이다. 자사호의 가장 큰 장점은 차호가 찻잎의 향을 자신의 몸체로 흡수하여 양호養壺 되는 데에 있다. 양호란 자사호를 장기간 사용하면서 길들이는 것을 말한다. 자사호는 도기陶器이기 때문에 찻잎에서 나오는 차즙이 차호에 서서히 스며들어 간다. 오랜 시간 동안 차향이 차호에 스며들면 미묘한 차향을 내는 차호가 된다. 이렇게 잘 길들여진 차호에 차를 우리면, 차향과 맛이 잘 배합되어 훌륭한 맛을 낸다. 새로 구입한 차호는 특유의 냄새가 나고 광택이 없으며 색이 탁하고 표면 질감이 좋지 않다. 오래 사용하면 윤기가 흐르고 우수한 질감을 가진다. 이것은 뜨거운 물과 찬 물을 서로 교대로 넣는 것에 의해서 일어나는 자사호 내의 석영石英의 변화와, 오랫동안 사용하여 손길이 들어서 생기는 효과이다. 그래서 중국의 옛 사람들은 좋은 자사호를 구입한 후, 거액을 들여 양호의 대가大家들에게 몇 년 동안 맡겨 차호의 가치를 높이는 경우도 있었다고 한다.

그럼 새로이 구입한 자사호를 어떤 양호의 과정을 걸쳐 사용해야 하는지 살펴보자.

처음 사용할 때의 처리법 새 자사호를 구입하면 자사호의 불순물을 제거하기 위해서, 깨끗한 물에 담가 3일 정도 두면서 가끔 물을 갈아준다. 이 과정이 끝난 다음 뜨거운 물에 끓여 말린다. 깨끗한 솥에 호의 높이보다 약간 많은 물을 부은 후, 호를 넣고 약한 불로 천천히 가열하여 물이 끓기 시작하면 찻잎을 넣고 3분 정도 더 끓인다. 그런 다음 찻잎을 건져내고 계속해서 연한 불로 30분 정도 끓인다. 호를 꺼내어 그늘에서 말린다. 이러한 처리에 의해 차호의 모세공이 잘 통하게 되고 도기의 냄새도 없앨 수 있다.

평상시의 양호 자사호는 사용하기 전에 뜨거운 물을 사용하여 잘 헹궈야 하고 사용 후에도 잘 씻어 말린다. 차를 우리기 전에 반드시 예온을 한다. 또 차를 우리는 과정에서 모세공이 확장되어 찻물이 호의 표면에 배어 있을 때 부드러운 천으로 닦아주면 호가 더욱 아름답게 길들여진다.

차를 마신 후에는 우린 잎을 완전히 제거한다. 찻잎을 모두 제거한 다음, 다시 열탕을 붓고 호 안팎을 씻어준다. 찻잎을 하루 이상 두면 곰팡이 등이 생겨서 냄새가 차호에 배어들 수 있다. 만약 실수로 찻잎을 오래 두었다면 뜨거운 물로 여러 번 세척하거나 100도의 열탕에 끓이는 것이 좋다. 씻은 후에는 통풍이 잘 되는 곳에서 뚜껑을 열고 천천히 말린다. 세척시 화학세제는 사용하지 않는다. 차호의 보이지 않는 미세한 구멍에 세제가 스며들어 차 맛을 잃게 하기 때문이다.

말린 다음 보관하기 전에는 손으로 살짝 문질러 주기도 하는데, 그렇게 하면 차호의 숨구멍이 적당히 닫히게 된다. 이처럼 숨구멍이 적절하게 닫혀지면 보관중인 자사차호가 바깥에 있는 잡물의 영향을 덜 받는다. 차호를 씻을 때는 때가 끼기 쉬운 부리의 밑 부분과 뚜껑의 입술부분도 주의해서 닦아준다. 차호에 때가 끼었다고 거친 수세미로 닦지 않도록 한다. 차호의 사용 중 파손율이 가장 높은 것은 뚜껑부위이다. 평상시 뚜껑의 관리에 주의를 기울여야 한다.

제5장

차문화 공간

차문화 공간

1. 차문화 공간 설계

찻자리를 문화적인 공간으로 한 단계 높이기 위해서 찻자리 환경을 어떻게 기획할 것인가는 매우 중요한 부분이다. 여기에서는 차문화 공간을 설계하는 핵심요소, 초보적인 공간요소의 분석, 각 요소가 찻자리 환경에 미치는 영향 등을 검토하여 찻자리나 차실의 설계에 참고가 되려한다.

1) 차문화 공간의 의의

차문화 공간이란 실내외에서 행해지는 차문화를 담는 생활공간이다. 차문화 공간은 문화적 생활철학을 담는 그릇이어야 한다. 그것은 일률적으로 만들어 진 것이 아닌 자유와 규제를 조화시킬 수 있고, 자연생태적으로 공생할 수 있는 예술적 공간이어야 한다. 차문화는 생활의 예술화를 추구한다. 예술적이고 세련된 차문화 공간은 환경과 문화를 존중하는 데서 출발한다.

자연환경 그대로를 활용할 수도 있고, 인위적인 건축물의 실내나 정원에 자연을 끌어들이는 방식도 있다.

아름다운 풍광을 지닌 자연환경 속에 인간이 들어가 그대로 조화를 이룬다면 훌륭한 차문화 공간으로 재탄생 될 것이며, 인위적인 공간 속에도 바위·계류·나무를 최대한 이용하여 자연을 느낄 수 있는 공간으로 설계할 수 있다.

비어있는 공간을 어떻게 채워서 차문화 공간으로 재탄생 시킬 것인가 하는 점에서 가장 먼저 고려해야 할 것은 색채와 빛의 설계이다. 고급스러운 공간을 추구할 때는 단순한 디자인에 동일계 중간 색채를 선택한다. 이때 찻자리를 구성하는 각종 차도구도 같은 계열로 조화시킨다.

빛의 설계는 주간과 야간을 구분하여야 한다. 야간에는 가구나 차도구의 위치를 고려하여 전체조명과 부분조명, 등잔이나 촛불을 활용한다. 주간에는 창문의 위치에 따라 찻자리의 위치가 결정되어야 한다. 주간에는 자연광만으로도 충분하여야 쾌적한 공간이 연출되기 때문이다.

2) 차문화 공간의 요소

찻자리 환경을 다도문화의 일부분이 되게 하기 위해서는 다구의 비치, 공간과 정원의 배치, 벽걸이장식의 예술성, 분향, 배경음악, 분재나 차화 및 예술품의 배치 등이 조화를 이루게 갖추어져야 한다.

중국정원 중의 회랑이나 구곡교九曲橋에는 같은 공간 안에 다른 묘미의 부분을 갖춘 예이다. 이것은 집의 현관부분으로 실외공간과 실내공간의 완충지대가 된다.

이러한 공간을 통해서 갑자기 환경이 바뀌게 되는 정서적인 불안정감을 덜어낼 수 있다. 번잡한 도시생활에서 벗어나 청정한 차실에 들어설 때 이러한 완충지대는 정서적인 전환을 이루게 하는 역할을 한다. 본격적인 차회가 시작되기 전에 이 중간적인 완충지대가 경관이나 · 그림 · 꽃꽂이 등을 감상하는 전환적인 공간이 되도록 한다.

차회에 참가하는 사람이 마음의 전환을 이루고 편안한 상태에 이르는 것은 차회의 가장 중요한 요소가 된다. 찻자리에서 이루어지는 인간관계에서의 대화나 예술적인 교류, 차 맛의 감상 등에 자연스럽게 동화될 수 있기 때문이다.

공간은 그 공간연출자의 개인적인 품격과 기호, 동시에 내면의 세계를 표출해 낸다. 중국전통적인 분위기를 기획하여 고전적 품격이 충만한 자리를 기획하거나, 자연과 향촌의 전원적 분위기, 또는 영성이 충만한 선적인 분위기, 소수민족의 다채로운 분위기로 장식할 수도 있으며, 모임의 특성에 맞춘 개성적인 분위기를 연출할 수도 있다.

찻자리는 실내가 될 수도 있고 실외가 될 수도 있다. 찻자리의 성격과 계절적인 요인, 참가자의 수가 주요결정 요인이 되며, 경제적인 부담의 정도를 미리 염두에 두고 공간을 구성한다. 실내이든 실외이든 찻자리 환경을 설계할 때 우선적으로 고려할 것은 차를 즐기는 시각에 맞춘 '공간기능'이다.

(1) 차실 및 차석

차석과 조수의 위치 및 손님석의 배치가 핵심이 된다. 주인은 작은 공간을 마련하여 다구를 놓거나 다식준비, 물 끓이기, 설거지가 가능한 곳을 염두에 두어 동선상의 편의성을 고려해야한다. 또 손님이 다실에 들어가기 전에 손을 씻고 단정한 용모를 점검할 수 있도록 배려하고, 실내장치의 색감 · 채광 · 테이블 의자등 가구의 조형적인 조화 등을 고려하여 설계한다.

(2) 차실 밖의 환경

중국전통의 정원 배치에서 물이 차지하는 비중이 매우 크다는 것은 중국식 다예관을 보면 쉽게 느낄 수 있다. 불규칙한 물 흐름, 괴석이나 화분, 회랑의 연결, 다정사이의 물 흐름, 회랑사이의 정취 등을 이용한 아름다운 실외공간을 형성한다. 연못부근에 산수모양의 돌을 배치하여 연못가의 생동감을 살리고 자연정취의 효과를 살린다. 이런 중국전통의 정원식 실외 음다 공간은 현대생활의 협소한 공간에서 실현시키기 매우 어려운 문제이다. 이 정취를 어떻게 집안에 설계할 것인가 하는 문제가 연구되어져야한다. 실내 환경과 마찬가지로 실외 환경을 기획할 때에도 기능성을 전제하여 전통적 분위기의 품격과 주인의 개성이 첨가된 공간배치를 한다.

(3) 문인 4예藝

차 · 족자 · 꽃 · 향은 찻자리의 4대 예술요소이다. 옛 문인생활의 예술수양 요소이며 연회나 제사에서도 중요한 항목이었다. 4예藝는 시각 · 촉각 · 후각 · 미각의 아름다움이 결합된 색향미를 모두 갖춘 생활미학이며 예술의 표현이다. 특히 분향은 찻자리의 품격을 높이는 역할을 한다. 고아한 향은 품명의 경지를 한 층 높여준다.

청, 건륭 법랑채 도자기 속의 문인풍속도

청, 전혜안(錢慧安) 팽다세연도(烹茶洗硯圖)

명, 작자미상 박고도(博古圖)

향피우기 · 그림걸기 · 꽃꽂이 · 차끓이기는 문인들의 사물에 대한 관조와 고도의 세밀한 관찰, 그리고 온화하고 활발한 심성을 나타낸다. 이러한 4예를 통해서 생활을 예술화하고 생활 속에서 자연미를 관조한 것이다.

송대 문인 4예(宋代文人四藝)

1. 차(點茶)
2. 향(焚香)
3. 족자(掛畫)
4. 꽃꽂이(插花)

중화 3향(中華三香)

1. 차향(茶香)
2. 서향(書香)
3. 묵향(墨香)

찻자리는 일반적으로 다실 · 다옥 · 다정에서 이루어지지만, 적절한 분위기 창출이 가능하다면 차회의 진행은 어디에서나 할 수 있다. 찻자리에 문인생활4藝를 조합하면 완벽한 아름다움의 결합을 이루어 낼 수 있다. 차인은 담백하고 고요하며 우아한 생활정취를 추구한다. 차인이 추구하는 세계는 마치 무색 · 무향 · 무미에 의의를 두는 듯하면서도, 향과 맛을 겸비한 활력과 여운을 갖춘 세계이다.

다만, 찻자리의 핵심은 차가 주요소가 되며 족자 · 꽃꽂이 · 분향이 자연스럽게 배합되어야 한다. 나머지 요소들이 지나치게 부각되어 주요소인 차의 멋스러움을 앗아가는 일이 없도록 배려해야 한다.

(4) 예술품의 배치

예술품의 배치는 공간의 분위기와 특색을 결정지으며 주인의 기호와 개성을 그대로 나타낸다. 서화 · 조각 · 도자기 · 공예품 · 골동품 등의 예술품은 주인과 손님사이의 품격 높은 대화의 소재가 된다. 품격 높은 예술품을 매개로 주인과 손님은 서로 지식을 넓히고 좋은 스승과 친구가 될 수 있다.

(5) 음악의 운용

차는 일종의 영감이며 사유의 원천이다. 고요함과 정적을 추구하는 차인이 홀로 차를 즐길 때는 선의 경지에 들 수 있는 정적 그 자체나, 고요한 명상음악을 선호한다. 그러나 손님을 초대하는 차회에서는 모임의 주제나 상황에 따라 다양한 음악을 적절히 운용하는 것도 분위기를 이끌어가는데 도움이 된다.

차회에서 차의 특성에 맞춘 음악의 운용은 차를 즐기는 또 하나의 즐거움이 될 것이다. 예를 들어 문산포종이나 안계철관음차를 낼 경우 활발하고 경쾌한 음악이 함께한다면 청차의 청향을 살리는데 또 다른 묘미를 준다. 그리고 동방미인이나 운남홍차를 낼 때는 우아하고 낭만적인 곡조를 선택하여 부드러움을 살린다. 깊은 맛을 내는 대홍포나 수선오룡 · 보이차를 낼 때는 탈속적인 음악을 선택함으로서 선의 경지에 들게 한다.

음악은 사람에게 감동을 일으키므로 음악을 이용하여 찻자리 공간의 안정과 부드러움을 연출할 수 있다. 우아하고 고요한 분위기의 찻자리에 들어온 사람들이 번잡한 마음에서 벗어나 안정된 정서를 갖게 함으로서 각종 차의 서로 다른 특성과 품격을 즐길 수 있게 해 준다.

2. 중국다도에서 향의 응용

향과 꽃 그리고 다련은 중국다도에서 매우 중요한 부분을 차지한다. 이러한 것을 통해 다도생활의 아름다움을 표현하고 또 다도정신을 생활 속에서 향유하였다. 차인은 자연과 더불어 차 한 잔을 마시면서 문사철文史哲과 시서화詩書畵를 즐기는 여유를 추구한다. 다도를 배우고 차생활을 하는 사람들에게 있어서 향을 사르고, 꽃을 연출하고, 그림이나 글씨를 배치하는 것은 단순한 음다 행위를 예술화시키며, 품격 높은 취향을 갖게 하고 개인의 정신적인 수양을 쌓는 데에도 도움을 준다.

중국인은 일찍부터 향을 사용하였다. 『역경易經』·『시경詩經』·『서경書經』·『춘추좌전春秋左傳』·『이소離騷』등에 모두 향에 대한 이야기가 등장한다. 특히 굴원의 『이소離騷』는 '향초미인香草美人'의 책이라고 해도 과언이 아니다. 이 책에는 난(蘭 : 목란)·혜(蕙 : 혜초)·초(椒 : 운향)·계(桂 : 계수) 등의 향목식물이 30종이 넘게 실려 있다. 굴원은 목란과 혜초 등 향초로써 군자가 수양을 쌓고 명덕지향明德之香을 추구한다고 했다. 굴원은 고대 초나라 사람이다. 이 시대에 이미 향을 단순 후각관능의 단계에서 정신적 수양의 단계로 끌어올린 향도정신香道精神을 볼 수 있다.

향인반(香印盤)

의식다례에서의 향

1) 향의 개요

향은 크게 동물성 향료, 식물성 향료, 그리고 화학합성향료로 나눌 수 있다. 동물성 향료는 사향[麝香]·사향고양이[靈猫香]·향유고래[龍涎香]·비버[海狸香] 네 가지가 있고, 그 밖의 모든 자연향료는 식물성이다. 대략 1500여종 되는 데,

향나무 · 백단白檀 · 침향沈香 · 정향丁香 등의 수목樹木, 유향乳香 · 안식향安息香 등의 수지樹脂, 그밖에 쟈스민 · 라벤더 · 장미 · 로즈마리 · 히아신스 등의 꽃 종류가 있다.

일반적으로 사용하는 것은 향목香木과 연향練香 2가지로 나눈다. 향목이란 나무를 잘게 깎아서 쓰는 것이고, 연향은 향목을 가루로 만들어 사향이나 용연향 등의 동물성 원료를 섞고 꿀 같은 것으로 반죽하여 여러 가지 형태로 만든 것이다.

향은 부정不淨을 제거하고 정신을 맑게 함으로써 신명神明과 통한다 하여 중국이나 한국에서는 모든 제사 의식에 맨 먼저 향불을 피웠다. 이것을 분향焚香이라고 하며 지금도 행하여진다.

옛 사람들은 심신수양의 방법으로 거처하는 방 안에 향불을 피워, '분향묵좌焚香默坐'라는 말이 생겨났다. 또 향을 주머니에 넣어서 몸에 차고 다녔으며, 부모의 처소에 아침 문안을 드리러 갈 때는 반드시 향주머니를 차는 것이 법도로 되어 있었다. 이 밖에 향목을 장식품으로 만들어 사용하기도 하였다.

불교에서도 모든 의식에 향불을 피웠다. 절의 불상 앞에는 탁자를 놓고 탁자 위에는 반드시 향로를 놓는다. 그리스도교 의식에서도 입상粒狀의 향을 사용한다.

과거에는 향목을 그대로 잘게 깎아서 사용했으나, 오늘날에는 연향 중에서도 사용하기 쉬운 가는 선모양의 선향線香을 많이 사용한다.

향로

향로

향탄호

(1) 향목

향목은 검은 느낌의 흑색 나무토막이다. 크기는 각양각색이며 실제 향석에서는 3~5mm정도의 극히 작은 향목을 잘라서 사용한다. 이 향목은 모두 열대, 아열대 식물이다.

중국의 진晋시대 혜함嵇含의 『남방초목상南方草木狀』에는 향목과 향료에 대해 기록되어져 있다. 본초계열의 책은 수없이 많지만 종합적으로 연구된 것은 명대로 14세기 후반 이후이며, 중국에서도 명대 이시진李時珍의 『본초강목本草綱目』이 가장 널리 알려져 있다. 본초학적인 지식을 현대의 식물학과 비교해도 정확한 부분이 매우 많은 것으로 인정되고 있다. 『본초강목』에서는 침향에 대해 다음과 같이 분류하고 있다.

> 침향은 물에 들어가면 가라앉는다. 그 품종은 약 4종으로 숙결·생결·탈락·충루가 있는데, 숙결(熟結)이라고 하는 것은 수지(樹脂)가 응결하여 저절로 썩어서 나온 산물이다. 생결(生結)이라고 하는 것은 칼과 도끼로 나무를 잘라내어 수지가 응고한 것이다. 탈락(脫落)은 물에 의해 썩어서 응고한 것이다. 충루(虫漏)는 벌레의 해에 의해 생긴 것이다. 생결을 제일 좋은 것으로 치고, 다음으로 숙결로 견고하고 검은 것을 치고, 그 다음은 황색으로 검은 윤기가 돈다. 황침(黃沈)은 누런 윤기가 돌고 랍침(蠟沈)은 부드럽고 강하며 혁침(革沈)은 가로로 흰줄이 있는데, 모두 상품이다.

향침(香枕)

침향이외에도 많이 사용되는 향목은 백단·자단 등이다. 백단白檀의 '단'은 '선善'을 의미한다. 그러므로 중국인은 귀중한 목재에 단을 붙여서, 자단紫檀·흑단黑檀 등이라고 했다. 백단은 나무의 심재心材가 아니면 향이 나지 않는다. 주변의 목질은 향으로서의 가치가 없으며, 백단나무는 상록수로 침향만큼 크지 않다. 백단은 충해를 방지하므로 상자나 필통 지팡이 등을 만들며, 부채를 만드는데도 사용된다.

(2) 중국향의 역사

향이라는 것은 사치스러운 것이었으므로 옛날에는 전제군주나 귀족들만의 사용품이었다. BC 300년경부터 서기 100년에 걸친 한나라는 서북부의 기마유목민인 흉노와의 전쟁이 끊이지 않았다. 이러한 분쟁 때문에 서역과의 교류가 시작되었다. 강력한 흉노에 대해, 한은 서역의 나라들이 갈망하는 비단을 보내었다. 이 시기에 서역으로부터 향이 들어왔는데, 한무제는 서역의 사자로부터 향을 받았다. 이때부터 '서국이향西國異香'이라는 기록이 보이기 시작한다.

수나라 이후에는 한국·일본과의 교류도 시작되어 견수사遣隋使가 있었고, 당시대에는 견당사遣唐使와 승려의 왕래가 빈번해졌는데, 이때 향이 소개되었다. 이 당시 일본 헤이안[平安]시대의 귀족이 사용한 향의 배합은 당의 장안에서 사용하던 것과 비슷하며 일본에서는 향도香道라는 새로운 귀족예능이 생기게 되었다.

폭군으로 역사에 남게 된 수양제는 예술과 문학의 후원자이기도 했다. 수양제는 장안과 낙양을 통하는 대운하를 만들고 그 사이에 수많은 별장을 지었다. 장안에서 양주에 이르는 운하를 따라 40여개의 별궁이 있었다. 당시대에 지어진 『양제개하기煬帝開河記』에 다음과 같은 기록이 있다. "비단 같은 아름다운 돛대가 지나가면 향이 10리 밖까지 퍼졌다", "낙양성 교외에 90키로 반경의 정원을 만들고 향

자금성 지란실(芷蘭室)

중화궁 취운관(翠雲館)

목을 산처럼 쌓고 그것을 태웠다"고 한다.

당은 차문화와 함께 향문화가 매우 발달했던 시대이다. 당의 장안에는 향이 가득했는데, 그 주역은 현종과 양귀비이다. 당 정처회鄭處誨의 『명황잡록明皇雜錄』에 의하면 "화청지華淸池에는 향목이 산처럼 쌓여져 있었다."고 한다. 또 궁정인 홍경궁興慶宮에 호사의 극치를 달리는 침향정沈香亭이 지어졌다. 현종은 침향정 주위에 목단牧丹을 심고 양귀비와 아름다움을 견주었으며 양귀비를 가리켜 "해어화解語花"라고 칭송하였다. 양귀비의 재종형제인 양국충楊國忠이 사향각四香閣이라는 호화로운 정자를 지었다. 오대五代 왕인유王仁裕의 『개원천보유사開元天宝遺事』에 의하면, "국충은 침향을 이용하여 각을 지었다. 사향과 유향을 사용하여 난간을 만들어 흙과 향을 벽에 칠했다. 매년 봄이면 목작약이 만개할 즈음 빈객을 초대하여 이 정자에서 꽃을 감상했다. 궁정의 침향정과 그 화려함이 뒤떨어지지 않았다"고 한다.

당의 향도 대부분 수입품이므로 이국정서가 가득했다. 호인胡人 중에서도 현종에게 중용된 대표적인 사람이 안록산安祿山이다. 그 중 안록산은 양귀비의 친척 양국충과 함께 현종을 배반하고 난을 일으켰다. 안록산이 노년의 현종에게 양귀비를 위해 사용하도록 헌납한 최음제가 바로 향 이었다. 『개원천보유사』에 다음과 같은 이야기가 기록되어 있다.

> 현종은 후궁을 사랑하여 정사를 게을리 했다. 안록산은 현종에게 등용되어 조정화향(助情花香) 백개를 올렸다. 쌀알크기의 붉은 색이었다. 잠자리에 즈음하여 한 알을 사용하면 근력을 좋게하여 피로를 이겨낸다.

이밖에도 향을 피워 선인仙人을 부르는 강선향降仙香, 피우면 따듯해지는 난향暖香, 분향을 하고 정좌하여 효경을 읽는다는 분향독효경焚香讀孝經, 분향을 하여 하늘에 고하는 분향고천焚香告天, 분향을 하고 조상에게 고하는 분향고조焚香告祖 등 용어를 보더라도 생활 속에서 얼마나 널리 향을 사용했는지 알 수 있다.

향은 분위기를 고취시키는 역할 뿐아니라 약품으로서도 활용된다. 후한말~삼국시대에 나온 『신농본초경에神農本草經』에도 향의 이름과 종류·기능이 기술되어 있다. 이후, 당 이함광李含光의 『본초음의本草音義』, 명대의 『본초강목』 등에도 빠지지 않고 향이 언급되고 있는 데, 곽향정기산藿香正氣散·사향환麝香丸 등 많은 약 처방이 전해지고 있으며 현재도 중의학에서는 향을 약재로 사용하고 있다. 약용이 아닌 취미로서의 향을 주제로 한 향 전문서적도 전해지고 있는데, 각종 향보香譜와 사고전서에 포함되어 있는 명대 주가위周嘉胄의 『향승香乘』 등이 있다.

벽걸이 향로

(3) 향보

향보는 개인별로 독특한 배합법을 사용하게 되므로 그 사람의 이름을 따서 누구누구의 향보香譜라고 불려진다. 북송 휘종황제의 『선화어제향宣和御製香』, 양귀비의 『양귀비첩중위향楊貴妃幃中衛香』, 촉왕蜀王의 총희 화부인의 『화부인위향花夫人衛香』, 송대 홍추洪芻의 『향보香譜』, 송대 진경陳敬의 『진씨향보陳氏香譜』 등 수없이 많은 향보가 있다.

향재료를 배합하여 만든 향환

『한건녕궁중향漢建寧宮中香』의 향보에는 "황숙향黃熟香 4근斤, 백부자白附子 2근, 정향피丁香皮 5량兩, 뢰향엽藟香葉 4량, 단향檀

香 4량, 백지白芷 4량, 회향茴香 2근, 모향茅香 1근, 감송甘松 반근, 소합유蘇合油 1량" 을 분말로 만들어 꿀에 개어 환약의 형태로 만들어 이것을 태운다고 되어 있다. 이렇게 여러 가지 재료를 배합하여 좋은 향을 만드는 것은 현대의 향수와 유사하다.

2) 향 피우기

(1) 차회에서의 향

향을 피우기에 가장 좋은 때는 청신하고 아무런 잡기가 없는 상태이다. 이때를 만물이 조화를 이룬 후 나타나는 상태라고도 표현한다. 즉 아무런 인위적인 것이 없는 때를 말한다. 다도정신은 이러한 청신하고 고요한 상태를 추구하므로 차인이 향을 피우는 것이다.

맑은 향으로 손님을 맞이하기 위해서 손님이 도착하기 전에 현관 혹은 찻자리에 향을 피운다. 너무 진하지 않으면서 청신하고 단백하며 우아한 향기를 선택한다. 이러한 향은 찻자리를 고요하고 평안하게 만들어준다. 또 차회가 전반부 단계를 마칠 즈음 휴식시간을 갖게 되면 이때 향을 피우는 의식을 통해 분위기를 전환한다. 고전적이며 맑은 향을 피우면 문향에 의해 다도의 분위기가 더욱 높고 신묘한 경지에 들게 한다.

향 피우기를 차회의 한 주제로 삼아 향기의 감상 시간을 별도로 갖기도 한다. 우아한 향을 선택하여 차회 전이나 혹은 중간에 또는 차회를 마치며 향기를 감상한다. 또한 이 향에 대해 함께 차회에 참가하는 사람들이 감상을 교환한다. 향의 감상과 함께 그날 사용한 향도구를 주제로 하는 감상시간을 두어도 좋다. 좋은 향도구는 골동품이 아니라하더라도 찻자리에 매우 잘 어울린다. 차회의 적당한 시간에 손님들이 향도구를 감상할 수 있게 해주며 느낌을 교환하는 시간을 갖는다.

(2) 향의 감상

향을 피우면 사람들은 먼저 코로 맡으려한다. 그러나 좀 더 섬세한 사람은 눈을 감는다. 눈으로 보이는 세계를 차단하여 향기를 맡는 기능을 극대화하려는 것이다. 이를 향기를 맡는다고 하지 않고 문향聞香즉 향을 듣는다고 한다. 눈을 감고 향기에 취한 듯 깊은 명상에 들고 있는 모습은 향을 피우는 그 자리가 바로 고요한 선의 경지에 이르는 자리라는 것을 알려준다.

향을 감상하는 방식은 향의 종류에 따라 달라진다. 향을 피우는 방식에 따라서 향의 정취가 달라진다.

향목의 감상　향목은 향이 나는 나무조각이다. 즉 향을 함유한 나무조각이나 혹은 나무뿌리의 향목조각이다. 일반적으로 중국이나 일본의 향도香道계에서는 대부분 침향沈香 혹은 단향檀香을 사용하는데, 다도계에서도 마찬가지이다. 이런 종류의 향은 향목 내부에 향기가 존재한다. 그러므로 반드시 온열溫熱에 의해서만 향이 발산된다.

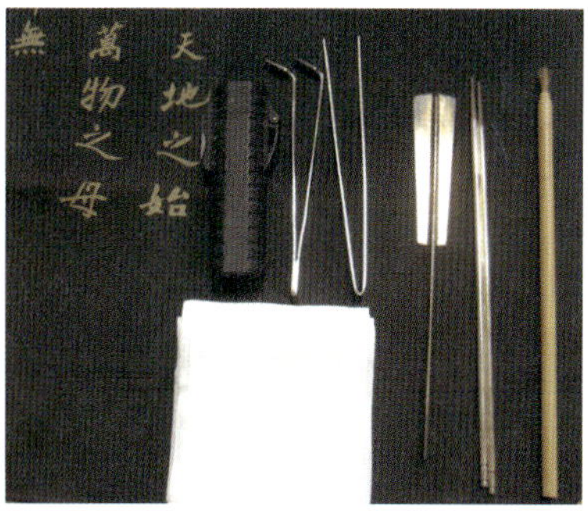

향도구

격화훈향

격화훈향隔火薰香 건조된 재속에 불붙인 숯을 넣고 그 가운데에 열이 전달될 수 있는 공간을 만든 후 그 위에 '은판'이나 '운모판'을 올려둔다. 그 위에 향목을 올리면 은판이나 운모판에 의해 열이 전달되어 향목으로부터 향기가 발산된다. 운모판 대신 흙으로 구은 도편을 사용해도 된다.

화로훈향 화로 안에 숯을 묻고 재위에 향목을 놓아 그 열로 향기가 발산하게 한다. 혹은 직접 향목을 숯 위에 올려놓는다.

전기훈향 온도를 조절할 수 있는 전기향로를 사용한다.

증향蒸香 수증기를 이용하여 향을 가열 발산하게 한다.

전기향로와 증향기

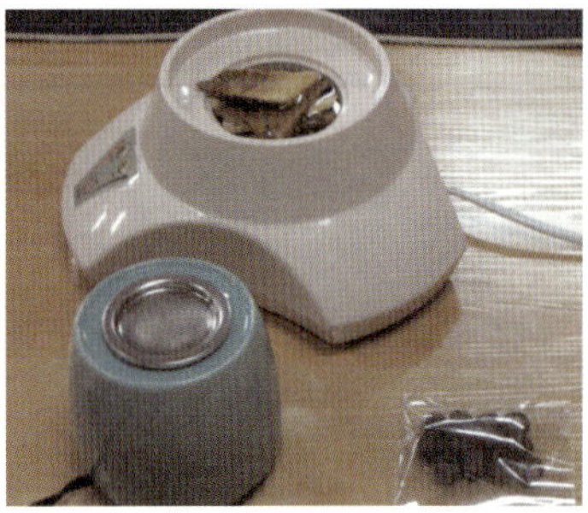

자향煮香 향목을 물에 넣고 끓여 향기를 발산시킨다.

가루향의 감상 가루향은 향목을 분말 낸 것인데, 여러 종류를 조합하여 만든다. 향목 외에도 다양한 재료를 사용한다. 가루향은 건조된 재위에 직접 가루향을 넣고 점화하거나 향틀을 이용한다. 향틀을 이용하는 것은 직접 점향법의 일종인데, 평평한 향로 위에 향재를 넣고 그 위에 향틀을 올려놓은 뒤 가루향을 채워 넣어 점화시키는 방법으로 문자형상의 향틀이 주로 이용된다.

향로

향틀, 향시, 향솔

향틀 올리기

향 채우기

향틀 들어올리기

향 모양 완성

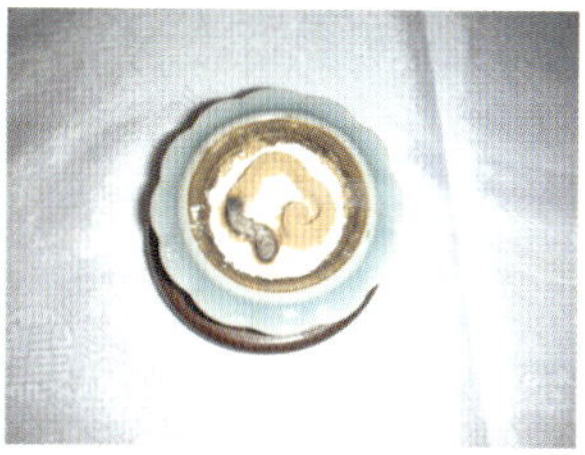

점향

선향의 감상 선향은 가루향을 반죽하여 제조한 직선형과 모기향처럼 감아서 만든 권향이 있다. 옛사람들이 물을 이용한 물시계를 만들었듯이, 향을 이용한 시간 측정 또한 가능했다. 이미 송대 신종 6년 '백각향인百刻香印'이라하여 향을 피워 시

간을 측정하였다. 이러한 향시계는 선향이 출현하는 발단이 되었을 것이다. 선향이라는 명칭은 이미 『본초강목本草綱目』에 출현하고 있다.

선향은 또 신선의 향이라는 의미에서 '선향仙香' 또는 장수향 이라고도 불렸다. 이 선향은 일본으로 전해져 일본의 문인과 차인에게 애용되었다.

침연沈煙향의 감상 침연향은 굵은 막대향이나, 뿔향의 가운데에 구멍이 나 있어서, 점향을 하면 향의 연기가 가운데의 통로를 통해 아래로 내려오게 만들어진 향이다. 이 연기가 아름다운 선을 그리므로 향로의 특성에 따라 수려한 풍광을 만들기도 한다. 이 향은 감상용 향으로 공간적인 미감을 최대한 살릴 수 있다.

향유의 감상 각종 향료를 정유하여 만든 것이기 때문에 비교적 짙은 향을 내므로 주의하여야 하며, 특히 찻자리에는 적합하지 않다. 향유를 용기에 넣고 그 아래에 촛불 등으로 열을 가하여 향기를 발산하게 한다.

(3) 향의 재료와 효능

향은 찬 기운은 올리고 더운 기운은 내리는 수승화강水乘火降과 오장육부의 경락을 통하게 하는 데에 효과가 있다고 한다. 수승화강은 머리를 차게 해 건강을 지키는 기본원리이다. 또 인체 장기들 간의 순환을 돕는다. 향은 정신적인 안정을 갖게하고 집중력을 높이는 효과가 있어 명상이나 수행할 때도 이용된다. 이밖에 천식·비염·아토피 질환 및 새집 증후군에도 효과가 있다. 향의 주요 재료는 다음과 같다.

- 침향沈香 침향나무의 병변에 의해 생긴다. 위장병에 효험이 있으며, 경맥을 통하게 하고 정신적인 안정을 가져다 준다.
- 자단紫檀香 진하면서도 순하고 고운 향을 내는 향나무로 태워도 맵지 않다.
- 단향檀香 비·위·폐경에 작용하며 기를 통하게 하고 통증을 가라앉힌다.
- 유향油香 유향나무의 진을 말린 것으로, 혈액순환을 원활하게 하고 경련을 풀고 부은 것을 내리고 새 살이 돋는데 효과가 있다. 실내공기를 청정하게 한다.
- 안식향安息香 안식향나무의 향목으로 안식국 상인이 가져왔다고 해서 붙여진 이름이다. 정신을 맑게 하고 기와 피를 잘 돌게 하고, 방충과 방부효과가 있다.
- 용뇌龍腦 용뇌수에서 추출한 백색 결정립으로 정신을 맑게 하며, 목이나 눈이 아픈 것을 낫게 한다. 송대의 공차인 복건의 용봉단차에 사용하였다. 귀족들의 기호품인 빈랑으로도 사용되었으며 청량한 느낌을 준다.
- 전단향栴檀香 더위 타는 것을 막고 각성효과가 있으며 피부를 윤기 있게 한다. 벌레 물린 데에 효험이 있다. 백단은 전단의 일종으로 불상의 조각에 많이 쓰인다.
- 곽향藿香 발한 건위 작용을 한다. 성질이 따뜻하고 맛이 맵고 달다. 더위를 막고 위를 편하게 하며 구토를 멎게 한다. 두통 발열 설사에 좋다. 광주·해남도·대만에서 대량으로 재배된다.

침향沈香

'향중의 향' 침향은 향을 대표한다. 약용으로 사용하거나, 문향용으로 사용하거나 가장 귀한 향이다. 인도를 비롯하여 동남아시아가 자생지이고 고대이집트 · 아랍 및 동북아시아 등 세계 고대문명에서는 침향에 대한 기록이 전해 내려오고 있다. 현재는 베트남에서만 생산 유통되고 있으며, 침향을 피워 그 향기를 맡으면 정신을 맑게 하여 집중력을 높여주고, 화를 가라앉히며 마음을 편안하게 해 준다.
침향은 약용으로도 널리 사용되었다. 백목향 즉 중국침향은 다양한 명칭을 가지고 있는데, 토침향(土沈香) 육마수(六麻樹)는 해남도에서 부르는 이름이고, 여아향(女兒香) 은 광동지방에서, 아향수(芽香樹) · 원향(芫香)은 광서지방의 이름이다.

침향은 침향나무에서 도려낸 자연 상태의 덩이형태이므로 인위적이거나 같은 모양이 나오지 않는다. 침향수의 목질섬유 사이에 침향나무의 수지가 응결되어 있으므로 검은색 수지와 갈색 목질이 줄무늬를 나타낸다. 색은 녹색 · 황색 · 흑색의 3 종류이고 그 중 녹색이 비교적 양질이며 음용했을 때 맛도 좋다. 그러나 침향은 성미가 맵고 쓰므로 분말이 코로 들어가면 몹시 맵다. 양질의 침향은 매우 단단하고 무거워서 아무리 작은 조각이라도 물에 가라앉는다. 표면을 문지르면 매끄럽게 윤이 나며, 침향은 자연 상태에서 일정온도 이상의 열이 가해지기 전에는 향기를 발산하지 않는다. 침향을 태우면 수지가 타므로 연기가 나지만 불을 끈 후 연기의 냄새는 순하고 부드러우며 편안한 느낌을 갖게 한다.

각종 향 재료

• 목향木香 목향의 뿌리를 말린 것으로 담을 내리고 기관지염에 특효하다.
• 감송향甘松香 맛이 달고 향기가 짙으며, 급체나 복부 통증을 잘 낫게 한다.
• 육계肉桂 혈액순환을 좋게 하고 항균작용을 한다.
• 회향回香 한기와 습기로 인한 각기와 구토를 치료하고 허리와 배의 통증에 좋고, 위를 따뜻하게 한다.

향의 십덕十德 송대의 시인 황정견(黃庭堅, 1045~1105)이 지었다고 전해지는 향의 십덕은 다음과 같다.

感格鬼神(감격귀신) 신도 귀신도 감격한다.
清淨身心(청정신심) 몸과 마음이 청정해진다.
能拂汚穢(능불오예) 더러움을 없애준다.
能覺睡眠(능각수면) 잠이 오는 것을 막아준다.
靜中成友(정중성우) 고요함의 벗이 된다.
塵裡偸閑(진리투한) 속세에 있어도 한가롭게 한다.
多而不厭(다이불염) 많이 피워도 싫증나지 않는다.
寡而爲足(과이위족) 조금으로도 족하다.
久藏不朽(구장불후) 오래 두어도 썩지 않는다.
常用無碍(상용무애) 자주 사용해도 해가 없다.

송 용천요 청자 향로

3. 중국다도에서 꽃의 응용

다도는 종합예술이다. 그리고 구체적으로 인류의 생활 속에서 응용하는 독특한 생활예술이다. 꽃꽂이도 또한 다도를 표현하는 예술의 일환이다. 차실 한켠에 가지런하고 단정하게 놓여진 차화는 차인에게 생기와 기쁨을 준다.

차화는 찻자리의 분위기에 부합할 수 있어야하며, 차실이나 차석에 생기와 활기를 주면서도 고요하고 정돈된 분위기를 헤치지 않게 배려해야한다. 주인의 감성을 전달하고 다도 정신을 표현할 수 있어야하므로 일반적인 꽃꽂이와는 성격이 다르다.

1) 차화의 의의

빠르게 변화하는 물질문명의 시대의 현대인은 스트레스에서 벗어나지 못하는 생활 패턴을 이어가고 있다. 특히 효율성을 최대화 하여 만들어진 현대의 건축물은 인간에게서 자연을 더 멀어져가게 하고 있다. 이러한 환경 속에서 현대인은 공

청, 문연도(文宴圖) 속의 차향꽃

통적으로 자연을 찾고 자연으로 돌아가려는 희망을 추구한다. 차인들은 오랫동안 한 송이 꽃, 한 줄기 풀잎으로도 자연을 생활 속으로 끌어들이려는 노력을 해 왔다. 차화는 현대인에게 아늑한 휴식과 청정한 신심을 가져다주며, 신선하고 생명력 넘치는 상쾌한 기분을 제공할 수 있다.

중국에서는 송대 이래로 생활4예로 대표되는 '하늘과 땅의 빼어난 기운인 향[乾坤之秀氣의 香]' '해와 달의 정화인 차[日月之精華의 茶]' '천지의 지혜인 꽃[天地之慧黠의 花]' '만물의 여운인 화[萬物之靈韻의 畵]'는 인문선비생활의 필수 예술요소였다. 그 중 꽃과 차는 서로 떠날 수 없는 일체감을 지닌다. 차인의 찻자리에 간결한 꽃이 함께함으로서 우아하고 탈속적인 분위기를 한층 더 높일 수 있다. 즉 중국의 차화는 문인차화이다. 문인차화는 문인화와 같은 이념으로 창조된 예술형태이다.

문인화는 고대 문인과 사대부의 그림으로, 민속화나 궁정화와는 성격이 다르다. 송대의 소동파蘇東坡는 이를 '사대부화'라 했고, 명대의 동기창董其昌은 '문인지화'라 칭했다. 문인화는 산수・화조・인물을 주제로 하여 심성을 표현한 그림으로 실제 사물을 그대로 묘사하는 것에 의미를 부여하지 않았다. 그림을 통해서 사대부의 흥취를 표현하는 예술 활동일 뿐 돌은 돌 같고 나무는 나무 같아야 할 필요가 없었다고 여겼다.

청, 고현독서도(古賢讀書圖) 속의 차향꽃

차화도 이와 같이 꽃을 사랑하고 감상하는 여유와 심성을 표현하면 그만이다. 대나무를 그릴 때 대나무의 모양이 중요한 것이 아니라 대나무의 기개를 표현하는 데에 의의를 두듯, 차화에서도 매화를 꽂는 다면 매화꽃의 곱고 아름다운 모양보다는 매화의 맑고 높은 기운에 초점을 둔다. 차화는 문인화와 마찬가지로 자유로운 형식이지만, 그 안에 간결하고 정제

된 아름다움이 깃들어야한다.

차화는 나뭇가지 · 꽃 · 흙 · 돌 등 자연 속에 생명을 가진 것들이 인간의 손에 의해 창조력 넘치는 생기를 부여받아 조화를 이루게 하는 것이다. 그리고 인간의 마음에 감동을 선사하여야한다.

꽃은 본래 인간을 위해 피는 것이 아니다. 꽃은 꽃대로의 연속적 생명을 가지고 열매를 맺고 종자를 퍼트린다. 그러므로 엄밀히 말하면 꽃꽂이는 자연에 순응하는 행위가 아니다. 이 부자연적인 행위로 자연을 최대한 살릴 수 있어야 한다.

찻자리는 화려한 아름다움을 추구하지 않는다. 차석의 차화는 차석의 분위기와 조화를 이루어야한다. 꽃 가게의 꽃은 인간이 그 색상과 크기를 조절한 제품으로 자연의 생기와 변화를 표현해 내지 못한다.

2) 차화의 실재

(1) 차화와 계절

차화의 원칙은 자연을 옮기는 것이며 자연 그대로를 순간적인 감성으로 표현하는 것이다. 따라서 찻자리에 놓이는 차화는 사계절의 변화를 통하여 가장 아름다운 꽃 · 나무 · 풀을 소재로 삼는다. 차화에 가장 많이 사용하는 우아한 소재는 매난국죽梅蘭菊竹으로 계절의 변화에 중점을 둔다. 그 밖에도 계절을 상징하는 꽃을 이용한다.

봄 : 영춘화, 장미, 복숭아, 살구, 배꽃, 해당화
여름 : 연꽃, 창포, 부평초, 대나무
가을 : 석죽, 단계, 국화
겨울 : 수선, 소나무, 산다화, 국화, 백합

중국인은 고대로부터 절기에 맞춰 꽃을 배합했을 뿐만 아니라 그 꽃에 사람의 품격을 이입시키기도 했다. 명·청대의 사람들은 고인 중에서 12달의 꽃을 상징하는 인물을 선출하여 중국의 화신花神으로 삼았다. 꽃을 인격화하여 계절의 변화에 맞춰 상징성을 부여하는 이러한 취향은 차화에도 반영할 수 있을 것이다.

1월 매화 : 임화정(林和靖, 송대 시인)
2월 살구꽃 : 양귀비(楊貴妃, 당현종의 후궁)
3월 복숭화꽃 : 양연소(楊延昭, 송대 명장)
4월 모란꽃 : 이백(李伯, 당대 시인)
5월 석류 : 종규(種馗, 병을 치유하는 신)
6월 연꽃 : 서시(西施, 월나라 미인)
7월 접시꽃 : 이부인(李夫人, 한무제의 후궁)
무궁화꽃 : 채양(蔡襄, 송대 문인)
8월 계화 : 서혜(徐惠, 당태종 비)
9월 국화 : 도연명(陶淵明, 동진의 시인)
10월 난초 : 굴원(屈原, 초나라 시인)
11월 산다화 : 왕소군(王昭君, 한나라 원제의 후궁)
12월 수선화 : 낙신(洛神, 복희 황제의 딸)

(2) 차화의 소재

차화는 변함없는 속에서의 변화를 추구한다. 꽃을 채취할 때 가위의 흔적을 남지지 않으며, 자연물이 자연 그대로의 정체성을 유지한 채 찻자리로 옮겨져야 한다. 자연의 생명력을 그대로 전달 할 수 있도록 꽃잎이나 잎사귀의 구조에 인공적인 조작이 가해지지 않아야 한다. 자연의 소박함과 조화를 이상으로 하고 넉넉함과 여유로운 함축의 멋이 존재하도록 꽂아져야 한다. 따라서 꽃을 꽂는 기교를 모

명, 천추절색도(千秋絶色圖) 작자미상

청, 우지정(禹之鼎), 교원지삼호도(喬元之三好圖)

두 배제한 채, 자연스레 한 송이 꽃이 들판에 피듯 하여야 한다.

차화는 길가에 핀 어떠한 인위적인 통제를 받지 않은 꽃, 심산의 정적 속에 핀 꽃, 암석 사이에서 계절을 알리는 꽃, 바람 속에 흔들리는 작은 꽃, 유약함 속에서 강고한 생기를 주는 꽃이 적합하다. 대자연의 꽃과 차화의 가장 큰 차이는 바로 '무한하게 많은 속에서의 단 한 송이'이다. 자연계의 수많은 초목과 꽃 중에 차실에 사용되는 꽃은 오직 한 두 송이다. 주인이 선정한 유일한 한 송이. 그만큼 소중한 것이다. 따라서 최대한 많아도 3종류를 넘지 않도록 하는 것이 좋다. 너무 많은 꽃은 사람들의 마음을 번잡하게 한다. 지나치게 향이 짙은 꽃이나 송이가 큰 꽃, 오랫동안 시들지 않는 꽃・열매 등은 차화로 적합하지 않으며, 청일하고 고결한 절개가 감도는 품위 있는 꽃을 선택하여야 한다. 또 꽃은 완전히 개화한 것 보다 막 피려는 봉오리가 좋다. 꽃의 얼굴 쪽은 옆이나 뒤가 아니라 앞으로 향하게 한다. 동백・무궁화・부용 등은 꽃이 아래로 향하는 경향이 있으므로, 수평이나 위로 향하는 것을 고른다. 아래로 늘어지는 성격의 초목은 그대로 자연스럽게 꽂는 것이 좋다.

꽃을 꽂는 기물은 너무 크지 않아야 한다. 기물이 커서 전체적인 분위기를 압도하면 차화의 아름다움을 살릴 수 없다. 높이는 30cm를 넘지 않으며, 도기・자기・

차와 꽃의 일체감을 갖는 차석의 예

차회명 : 영춘 신차차연

주 제 : 봄을 맞는 연회.

일년을 계획하고 봄맞이를 축하하는 차회.

차 : 벽라춘 · 용정

다 구 : 자기 문항배

차 화 : 피어오르는 나뭇잎 봉우리

그 림 : 봄을 상징하는 서예작품.

2006 대북(臺北) 차문화 박람회 竹內香代子의 작품

동기 · 대나무 · 목재로 된 것등 다양하게 이용할 수 있지만, 어느 것이든 문양과 외형이 자연스럽고 소박해서 차실에 위압감을 주지 않아야 한다. 차실에서 추구하는 정신은 간략함 · 자연스러움 · 소박함이다. 기교와 형식을 무시하는 것이 아니라 자연스러움을 살리는 고도의 기교를 익혀야한다.

제6장

차회

차회

1. 차회의 개최

1) 차회의 기획

차를 마시거나 품평하는 것이 주요목적인 모임이나 회의 · 학회 · 발표회 등을 차회라고 한다. 차를 연구하거나 발표하는 차회뿐 아니라, 일반 교류를 목적으로 하는 각종 문화행사나 종교행사, 비즈니스 행사에서 차를 품평하거나 다예 시연을 감상하는 별도의 과정을 결합시켜 격조 높은 자리를 꾸며가는 차회도 있다.

차는 긴장을 풀고 정서를 안정시키며 정신을 맑게 하는 문화적 음료이다. 이러한 차를 매개로 지인을 초대하여 작은 교류의 시간을 갖거나, 일상에서 손님에게 차를 내는 개인차회도 있다.

차회 개최를 기획할 때는 그 규모에 따라 준비과정이 다르지만, 어느 정도 대규모의 차회를 개최하게 될 경우에는 사전에 치밀한 준비가 선행되어야 한다. 차회를 개

최하기 위해서 기획하고 준비하는 과정은 어떤 것인지 살펴보기로 한다.

(1) 기획 단계

차회를 기획할 때 가장 중요한 것은 그 차회의 성격을 결정하는 것이다. 차회의 성격이 차를 연구하고 발표하는 모임인지, 기타문화행사에 부속적 성격을 갖는 모임인지, 국제적인 모임인지, 국내적인 모임인지를 결정하여 이에 따른 기획서를 작성한다. 차회가 대규모적이거나 국제적인 경우는 협력기관을 결정하고 공고하며, 차회 운영을 맡을 위원회를 조직하거나 담당자를 정한 후 초청장을 발송한다. 그리고 개최장소를 예비 탐방하여 행사의 흐름을 파악할 수 있는 행사진행표를 확정한다. 행사진행을 운영해 나갈 스텝들을 결정하고 각자가 차회의 흐름과 자신의 역할에 대해 완벽하게 이해할 수 있도록 사전 협의 시간을 갖는다.

(2) 준비 단계

행사준비가 시작되면 개최 장소에 사전에 입장하여 회장을 배치한다. 회장의 공간구성에 맞게 VIP석을 마련하고 비품과 예술품을 배치한다. 회장의 배치가 완료되면 특수상황에 대처할 수 있는 스텝을 배정한다. 다예 시연이 있을 경우는 다예 시연자가 회장 상황에 자연스럽게 적응할 수 있도록 사전 연습을 하게 한다. 차회가 시작되기 전에 회장 내의 분위기를 조성할 수 있는 음악이나 조명 등을 미리 체크하고 회장에서 사용될 전기기구들을 사전 점검한다. 손님들이 회장을 찾는데 어려움이 없도록 안내문이나 표식기를 설치하고 회장 주변의 미화상태를 점검한다.

(3) 진행 단계

차회가 시작되면 차회 참가자들이 차회의 흐름을 사전에 이해하고 이에 맞게 움직일 수 있도록 스케줄 표나 안내문을 배부한다. 손님들이 차회의 성격에 적응하고 있는지 살펴보고 조정하며, 손님들 간의 관계를 파악하여 서로 자연스러운 교류가 이루어질 수 있도록 분위기를 유도한다. 차회 진행과정에서 분위기를 전환하여야 할 타이밍을 포착하여 분위기를 조정한다. 차회가 종료되는 시점을 정하고 차회 종료를 알리는 방법을 사전에 검토하여 자연스럽게 종료될 수 있도록 한다. 손님 사정에 맞게 자연스럽게 퇴장하는 형식으로 할 것인지, 차회의 종료를 정식으로 선언하는 형식으로 할 것인지, 차회 참가에 대한 기념품을 전달할 것인지, 주최자가 퇴장하는 손님들을 직접 배웅하는 형식을 취할 것인지 등을 사전에 결정한다. 차회가 종료되면 회장을 정리하고 비품과 예술품을 반환한다. 마지막으로 차회운영에 대한 평가 모임을 갖는다.

2) 다예 시연

다도를 수련하는 사람들의 교류의 장에는 다예의 시연이 따르기 마련이다. 각각의 문화적인 특성에 따라 다양한 종류의 다예를 선보이는 다예시연은 차인들의 문화교류와 학습의 계기가 된다. 중국차 다예 시연은 어떻게 구성되며 그 내용과 의의는 무엇인지 검토해 보도록 한다.

(1) 찻자리 배치

찻자리는 격조있고 고요한 분위기를 필요로 한다. 공간설계와 예술품의 배치로 주인의 개성과 취향을 표현한다. 차회에서 사용한 모든 소재는 일상생활에 응용가능한 또 하나의 제안이 된다.

(2) 향피우기

차석에 향을 피워 격조 높은 분위기를 만들기 위해 차회의 성격과 계절에 적합한 향을 선택한다.

(3) 손님맞이와 차회 해설

오늘의 포다자와 시자를 소개하고 찻자리에 진열된 다구나 예술품을 소개하여 손님들의 이해를 돕는다.

(4) 포다

차엽의 외형과 특성을 감상하는 상차賞茶, 찻잎을 우리기 전의 숙향을 감상하는 문향聞香과정을 통해 손님이 직접 다예시연 과정에 참여하도록 한다. 포다자는 안정되고 우아한 동작으로 시연에 임한다.

(5) 봉차

주인이 직접 봉차하는 것은 손님에 대한 존중의 표현이다. 그러나 안정된 분위기를 위하여 조수를 사용하는 것도 좋다. 봉차를 하는 입장이나 받는 입장 모두가 서로에 대한 존중하는 마음을 예로 표현하도록 한다.

(6) 차와 다구의 교체

다양한 차의 품격을 즐길 수 있는 기회를 제공하고 분위기를 전환시킬 수 있도록 차를 교체하여 포다한다. 이때 차의 성격에 맞게 다구도 교체한다. 다른 재질이나 디자인의 다구를 사용하고, 문향배를 사용하는 것도 좋다.

(7) 다식접대

두 번째 차로 교체할 때가 다식을 접대하기 적합하다. 다식은 차탕과 찻잔을 지저분하게 만들지 않을 수 있는 성격의 음식이 좋다.

(8) 물맛 감상

차가 아닌 포다용수 자체를 대접한다. '공백지미空白之美'를 응용하는 것이다.

(9) 차회 정돈

포다자가 손님에게 차회 참가에 대한 감사를 표하여 다예시연이 종료되었음을 나타낸다. 손님은 접대 받은 차를 남기지 않고 마시며, 포다자에게 감사의 마음을 표현한다.

(10) 차호 감상

포다가 끝나고 그날 사용된 차호를 감상하는 별도의 시간을 가져도 좋다. 도자기 예술은 다도생활의 중요한 부분이다. 차호 감상을 통해 대화의 장을 확산시킨다.

3) 차회 예절

차는 광범위하게 실생활에 응용할 수 있다. 계층이나 지역과 종교를 불문하고 생활에 응용할 수 있으며, 손님맞이·제례·종교의식·관혼상제·모임 그 밖에 다양한 목적에 따라 이용할 수 있다. 이와 같이 오랜 시간을 통해 차를 응용하는 과정에 일정한 격식이 생겨나고 각각의 성격에 따라 예의범절이 만들어졌다.

오늘날 차는 중국이나 아시아 뿐 아니

라 서구의 홍차 음용 등 세계인의 문화적 음료가 되었다. 따라서 차를 마시는데 사용되는 도구는 문화적 색채가 강조되고, 생활의 질을 높이는 역할을 하게 되며 차 애호가들은 차를 연구하여 학문적인 영역으로 확장시켰다. 뿐만 아니라 개인의 정신적 수양에 활용하면서 차의 도道적 측면이 부각되고, 차를 매개로한 각종 모임이 늘어나면서 차회에서의 예절이 중요해지고 있다.

(1) 찻자리 준비 예절

찻자리 마련 좋은 찻자리를 만드는 것은 다도예절의 기본조건이다. 찻자리를 준비하는 사람은 화려하고 넓은 자리가 아니더라도 정성이 들어간 안정되고 고요한 장소를 마련하도록 한다.

청결한 장소 찻자리로 이용되는 장소가 거실이나 별도의 다실이 될 수도 있고, 정원이나 실외공간이 될 수도 있다. 어느 곳이든 기본적으로 청결한 장소여야 한다. 산만하고 불결한 장소에서는 차의 정취를 감상할 수 없다.

소박한 미관 찻자리의 분위기는 곧 주인의 취향과 품격을 대표한다. 화려함과 사치스러움을 억제하면서도 시각적으로 편안하고 유쾌한 분위기를 조성해야 한다. 깔끔하게 정돈된 장소, 아취 있는 장식품, 간결하고 신선한 꽃만으로도 좋은 찻자리를 마련할 수 있다.

안정된 분위기 편안하고 고요한 찻자리는 복잡한 현대인에게는 최고의 휴식공간을 제공한다. 잡다한 물건을 늘어놓거나 어린이가 뛰어다니거나 애완동물이 공간을 어지럽히지 않도록 한다.

차의 준비

품질 몇 가지의 좋은 차를 마련한다. 손님대접에 반드시 최고급 차를 준비할 필요는 없지만, 일정 수준의 좋은 차를 준비하도록 한다. 너무 고급차만 늘어놓으면 손님에게 부담을 줄 수 있으며, 너무 값싼 차는 손님을 존중하지 않는 느낌을 준다.

저장 차는 구입 뿐 아니라 보존에 더욱 주의를 기울여야 한다. 서늘하고 건조한 곳에 밀폐하여 저장된 차는 구입당시의 향과 맛을 낼 수 있다. 손님들에게 낼 때 항상 잘 보관되어 있던 차를 내도록 한다.

청결 차는 음료수이므로 건강과 직결된다. 정결하게 만들어져 불순물이 섞이지 않았는지 확인하고 대접한다.

다구의 준비

다구의 선택 반드시 명품 차호를 사용할 필요는 없지만 일정 수준의 좋은 다구를 사용해야 한다. 조잡하게 만들어진 다구는 피하도록 한다. 또 예술성 높은 아름다운 다구는 손님과 주인간의 대화의 소재를 만들어내기도 한다. 다구를 사용하는 모습은 주인의 심리를 그대로 드러낸다. 손님이 편안하고 유쾌한 기분으로 한잔의 차를 즐길 수 있도록 배려한다.

봉차반은 그날 마련된 찻잔의 수에 따라 적정한 크기를 사용한다. 너무 크거나 작은 차반은 손님에게 심리적인 부담을 안겨준다. 찻잔은 상황에 맞는 크기를 선택한다. 추운 날은 조금 두껍고 큰 찻잔을 사용하여 손님이 따듯한 느낌을 가질

수 있게 하고, 더운 날은 작고 얇은 찻잔을 사용하여 청량감을 주도록 한다.

청결 차도구를 청결하게 씻어서 건조시켜 두는 것은 가장 기본적인 사항이다.

정리 모든 차도구는 사용에 편리하게 배치하고 가지런하게 정돈되어 있어야 한다.

(2) 차회 참가 예절

복장

의복 복장은 그 사람의 품격과 취향을 나타낸다. 차회에서는 인간관계의 친화성이 핵심이므로 지나치게 튀는 의상은 피하는 것이 좋다. 보는 사람이 편안하도록 간결하면서도 아름다운 사교복장이면 된다. 만일 국제적인 성격의 모임이라면 전통적인 분위기를 낼 수 있는 복장을 하는 것도 상대방을 위한 친절의 표현이다. 다도시연에 직접 참여하여 활동하는 경우에는 유연한 움직임이 가능한 복장이라야 본인과 손님 모두에게 안정감을 줄 수 있다. 포다자는 펄럭이거나 긴소매 옷을 피하고, 너무 큰 리본장식이나 긴 스카프를 피한다. 남성이 차를 낼 때는 넥타이를 고정시켜 둔다.

장신구 차회에 참가할 때는 그 차회의 성격에 따라 소박함과 화려함의 기준을 정한다. 다예 시연 등 차가 중심이 되는 모임에는 가능한 소박하고 작은 장신구를 사용하며, 금속성인 시계와 반지는 피한다. 차회에서 다구를 감상할 때 다구와 접촉하여 소리를 내거나 다구에 흠집을 낼 수 있기 때문이다. 차를 내는 사람은 움직임에 방해가 되는 장신구를 피한다. 간단하고 격조 있는 장신구를 사용하도록 한다. 늘어진 귀걸이, 큰 목걸이, 팔찌는 피한다.

화장품 향이 강한 화장품과 향수는 가능한 피한다. 자연스러운 향이 아니면 차향을 음미하는데 방해가 된다. 특히 차실에 초대를 받았을 때는 향수가 차실 전체 분위기를 해칠 수 있다.

몸가짐

청결 청결하고 가지런한 태도는 차를 매개로 한 모임의 가장 기본적인 자세이다. 차를 포다할 기회가 주어지면 몸을 청결히 하고, 차를 우리기 전에 반드시 손을 씻는다. 머리는 곱게 빗고, 긴 머리일 경우 앞으로 늘어뜨려지지 않도록 단아하게 정돈한다.

집중 차를 내는 사람이나 대접받는 사람이나 잡념을 피하고 오로지 차를 우리고 감상하는데 마음을 집중한다. 차를 우리는 동안에는 가능한 대화를 피한다. 주인이 차를 우릴 때는 가능한 말을 걸지 말아야 차를 우리는 감각에 영향을 주지 않는다. 주인에게 질문이 있으면 포다를 마치는 시점까지 기다리도록 한다.

친절 사람간의 교제에서는 친절한 마음이 가장 중요하다. 차모임의 준비부터 다구의 배치 · 포다 · 접빈 모두 주인의 마음과 취향이 드러난다. 차회에 참가하는 사람이 초대해준 주인이나 주최측에 대해 감사하는 마음과 진실 되고 친절한 마음씀씀이를 표현하여 서로 정감을 교류한다.

2. 개인 차회

차생활을 하다보면 '차회를 열고 싶다'는 마음이 생기기 마련이다. 새로 구입한 명차를 좋은 친구와 마시고 싶거나, 차에 둘러싸여 즐거운 시간을 가지고 싶을 때가 있다. 또는 옛 문인들처럼 집에서 키우는 국화가 피는 때를 정해서 국화를 감상하는 차회, 또는 함께 매화를 감상하는 차회 등 다양한 성격의 차회를 열 수 있다. 좋은 차가 생기면 약간의 다식을 마련하고, 예쁜 다구를 정돈하여 가벼운 마음으로 친구를 불러 차회를 열어보자. 가볍고 유쾌한 차회를 열기 위해서 차실 공간은 어떻게 꾸미고, 티테이블은 어떻게 장식하며, 기초 메뉴는 어떻게 작성하는 것이 좋은지 연구해 보도록 한다.

1) 차회 기획

Who · When · Where · What · Why · How를 기준으로 기본 성격을 생각한다. 우선 그때 함께 차를 마시고 싶은 사람은 누구인지 몇 명인지에 따라 차석의 크기가 정해진다. 시간대는 어떻게 해야 모두가 참석할 수 있는지를 고려한다. 또 식사시간을 기준으로 메뉴가 준비된다. 식사시간을 피하면 가벼운 다식으로도 충분하지만 식사시간대가 되면 식사를 준비하여야 하므로 시간대 결정은 매우 중요한 사안이다.

사계절이 분명한 우리나라에서는 계절에 따른 차회가 잘 어울린다. 신차가 나오기 시작하는 4월에는 신차 차회, 단오 · 칠석 · 국화나 매화가 피는 것을

축하하는 차회 등 계절의 변화를 즐기는 차회를 마련할 수 있다.

어디에 차석을 꾸밀 것인가를 생각해 보자. 중국차는 한국차와는 달리 끓는 물을 바로 사용할 수 있는 곳, 테이블을 사용할 수 있는 곳이 좋다. 거실이나 발코니・정원 어디든 유쾌하고 깔끔한 분위기를 만들어내면 된다.

다기와 식기세트를 배치할 때는 계절에 맞는 색상을 고려한다. 차석은 보통 주인이 차를 우리고 손님에게 대접하는 형식으로 이루어지지만, 좀 더 가벼운 자리를 마련하고 싶을 때는 손님도 직접 차를 우릴 수 있는 형식으로 다구를 배치할 수도 있다.

차회의 주요 포인트는 차석이지만 손님을 초대했을 때는 현관을 중국적인 분위기로 꾸미거나 향로를 놓고 은은한 향을 피워 손님을 맞이한다.

차회에서 가중 중요한 것은 역시 어떤 차를 낼 것인가이다. 차의 종류에 따라 그에 어울리는 다식을 준비한다. 차회 진행의 흐름을 전체적으로 염두에 둔다. 다식을 내는 타이밍, 차를 내는 방식, 그날 낼 차 종류의 순서, 차석의 분위기를 살려줄 음악과 조명 등을 생각해 둔다.

2) 메뉴 정하기

차회는 차가 중심 메뉴가 되므로 시간의 제약이 없다면 최소한 3종류 이상의 차를 준비한다. 중국차는 종류가 매우 많고 다양한 특성을 지니므로 차회에서 사용하기 좋다.

식사 및 다식 차회에 식사를 낼 경우는 차를 마시기 전에 식사를 먼저 내는 것이 좋다. 공복에 차를 마시면 곤란한 손님이 있을 수 있기 때문이다. 차회에서의 식사는 보조적인 의미이므로 가능한 간략하면서도 모양새가 좋은 음식을 선택한다. 중국차를 낸다고 해서 반드시 중화요리를 고집할 필요는 없다.

식사를 내지 않고 간단한 다식만 준비할 경우도 다식을 내는 타이밍을 생각해 둔다. 마른 과일을 접시에 예쁘게 담아 두는 것만으로도 충분할 수 있고, 과자나 간단한 케익을 준비해도 좋다.

차의 순서 어떤 차를 먼저 낼 것인가를 생각해 보자. 너무 비슷한 종류를 계속해서 내지 말고, 차의 성격에 변화를 주어야 한다. 그리고 마지막으로 마실 차는 향이 좋은 차를 선택하여 손님이 차향을 그대로 지닌 채 귀가하게 하는 것도 좋다.

처음 내는 차는 환영의 의미로 배치하면서 나중에 나올 차에 영향을 주지 않는 화차가 좋다. 기본적으로 '화차-녹차-청차-보이차 또는 홍차-청차'의 순이 무난하다. 이때 메인이 되는 그날의 명차를 가운데 넣거나 맨 나중에 넣는 것이 좋다. 또 계절에 따라 메인이 되는 차를 정하는 것도 한 방법이다. 봄에는 용정차 등의 신차 녹차를, 여름에는 동방미인을, 가을에는 무이암차 계열(大紅袍, 白鷄冠, 鐵

羅漢, 水金龜)이나 안계철관음 · 고산오룡차 등 향이 좋은 차를, 겨울에는 보이차나 홍차를 선택하는 방식이다.

차를 내는 방식 차를 내는 방식은 크게 네 가지로 나눌 수 있다.

· 주인이 차를 우려 손님에게 대접한다.

· 손님도 차를 우린다.

· 각자 개완으로 즐긴다.

· 대형 유리다구를 이용해 각자가 따라 마신다.

주인이 차를 낼 경우 차석을 바꿔가며 차회를 진행할 수도 있다. 식사를 하는 장소에서 계속해서 차를 마실 수도 있고, 자리를 옮겨 차를 낼 수도 있다. 찻잔을 전부 주인 앞에 모아놓고 차를 우린 후 손님에게 내는 것이 가장 일반적이고 두 번째 차는 차충으로 내면 된다. 손님 수가 적을 때는 주인에게 찻잔을 돌려주어 다시 차를 받는 형식으로 하면 된다. 귀한 명차를 함께 마시는 것이 목적인 차회에서는 주인이 직접 우려서 대접하는 것이 가장 좋다. 적절한 차의 양과 수온, 차를 우리는 시간 등을 고려하여 명차의 가치를 살린 최적의 맛으로 손님을 대접할 수 있기 때문이다.

손님이 차를 잘 모르는 사람일 때는 간단한 설명을 해가면서 차회를 진행하는 것도 차회의 묘미가 될 수 있다. 손님이 차에 대해 많은 지식과 경험이 있을 경우는 손님에게 차를 우릴 기회를 주는 것도 좋다.

대화가 중심이 되는 차회라면 각각 개완을 이용해서 차를 즐기는 방법이 좋다. 주인도 차를 우리는 것에 대한 부담감을 덜고 즐거운 분위기로 차와 대화를 즐길 수 있다. 손님의 수가 많을 경우는 대형 유리다구를 이용하여 주인은 차와 물을 부어주는 역할만 하고, 손님이 기호에 맞춰 각자 차를 따라 마시는 형식을 취하면 된다.

3. 무아차회

1) 무아차회의 형식

무아차회無我茶會는 '참여예술'의 차회이다. 참가자 모두가 자신의 다구를 준비하여 둥글게 모여 앉아 차를 우린다. 차는 4잔으로 지정하며 차가 우려지면 3잔은 좌측 참가자에게 나누고, 한 잔은 스스로가 마신다. 모두가 4잔의 차를 마시면, 두 번째 차를 우리는데, 그날의 차 우리는 숫자는 미리 약정한다. 차 우리기, 차 나누기, 차 마시기를 마치면 자신의 다구를 정리하고 차회를 마친다.

무아차회에서 포다석 지정은 제비뽑기로 결정한다. 차회의 진행과정이나 방법 등은 모두 미리 사전에 공고해 둔다. 그러므로 차회 진행 중 지휘자나 관리자가 필요하지 않다. 모든 진행은 정해진 순서대로 다함께 평온하게 이루어진다. 다구의 종류 및 다법 등은 어떠한 유파의 방식이든 전혀 관여치 않는다.

차 마시기가 끝나면 5분 이내의 음악을 감상하며 차의 뒷맛을 즐기는 과정을 넣을 수도 있다. 차회의 과정을 모두 마친 후 기타 행사를 진행할 수 있다.

무아차회의 흐름 초청장 받기－참가 여부 통지－당일 정시 도착－자리 배정－다구 배치－다구 감상－포다－봉차－차 마시기－포다－봉차－차 마시기－예술 감상－찻잔 닦기－찻잔 회수－다구 정리－차석 정리－기념촬영－해산

2) 무아차회 7대 정신

무아차회 회기

무아차회의 7대정신은 '무無'사상의 체현이다. 차를 통해서 고요함을 이루고, 나에 대한 집착에서 벗어나는 무의 실현이다. 일체의 번뇌를 내려놓고 차회에 몰입하여 차의 오묘한 경지를 체험하고, 차회의 단순한 미감을 깨닫는 것이다. 무아차회는 낮에도 행할 수 있고 밤에도 행할 수 있으며, 고요한 장소든 번잡한 장소든 실내든 실외든 어디에서나 이루어질 수 있다. 이것은 자연과 공존하고 자연의 규칙을 존중하는 것이다.

국제무아차회

무아차회에 참가하는 차인은 겸허한 마음으로 차를 우리고, 겸허한 마음으로 차를 나누고, 겸허한 마음으로 차를 마시며 차에 대해 타인에 대해 좋아하고 싫어하는

일체의 마음에서 벗어나는 것을 추구한다.

무아차회의 7대 정신은 신분의 귀천을 분별하지 않고 보상을 바라지 않으며, 좋아하고 싫어하는 것에 대한 분별심을 버리고 포다에 정진하며, 공공의 약속을 준수하며 침묵과 고요를 지키고 다법이나 지역의 구분을 하지 않는 것이다.

(1) 제비뽑기로 좌석 배정하기〔無尊卑之分〕

무아차회에 참가하는 사람은 누구도 사전에 자신의 자리를 알 수 없다. 자신의 주위에 누가 앉으며, 누구에게 자신의 차를 나누게 될지 알 수 없다.

차회가 시작되기 전에 미리 차회 장소를 준비하는 측에서 좌석에 번호표를 설치해 놓고, 차회 참가자가 도착하면 한 사람씩 제비뽑기로 좌석을 결정하여 자신의 자리로 이동하게 한다. 이것은 신분 귀천의 분별을 없게 할 뿐 아니라 차회에서 자리를 정하는 번거로움도 피할 수 있다. 친구나 사제지간 부모자식이 함께 차회에 참가했을지라도 각자의 관계에 연연하지 않는다.

(2) 한 방향으로만 봉차〔無報償之心〕

차가 우려지면 모두가 한 방향으로만 차를 나눈다. 오늘 정해진 찻잔수가 4잔이면, 3잔은 왼쪽의 세 명의 다른 참가자에게 올린다. 마지막 한 잔은 스스로가 마신다.

봉차의 방식은 다양하게 응용할 수 있다. 예를 들어 내가 봉차할 세 명의 다우가 바로 왼쪽에 앉은 세 명일 수도 있고, 좌로 2·4·6번째 앉은 사람일 수도 있다. 또 대형 차회에서는 좌로 5·10·15번 참가자로 정할 수도 있다. 이 모든 규칙은 사전에 공고한다.

한 방향으로만 봉차 한다는 것은 보상을 한다는 마음에서 벗어나게 하는 의미이다. 내가 봉차를 한 사람이 다시 나에게 차를 대접하는 것이 아니며, 내가 봉차하지 않은 다른 사람이 나에게 차를 대접해주는 것이다.

(3) 각종 차 맛을 수용하고 감상한다〔無好惡之心〕

무아차회에서는 각자 자신의 차를 스스로 준비한다. 그러므로 각각이 다른 차를 가지고 올 수 있다. 봉차 받은 차가 내가 즐겨하지 않는 차라 하더라도, 나의 기호를 버리고 타인의 정성스런 마음을 수용한다. 그날 마시게 되는 모든 차가 반드시 잘 우려지지 않았을 수도 있다. 내 앞에 놓여진 차가 매우 쓰거나 떫거나 또는 너무 연할 수도 있다. 그러나 녹차・오룡차・홍차 등 어떤 종류의 차도 그 차만의 개성과 향미를 갖추고 있다. 그것을 존중하고, 타인의 차 우리는 법과 차내는 법을 존중하여 차를 감상하고 즐긴다.

(4) 최선의 차맛을 내려고 노력한다〔求精進之心〕

'차를 잘 우린다'는 것은 다도의 가장 기본적인 요구사항이다. 차가 그 맛을 다 내지 못하였다면 다른 기타 사항이 아무리 좋더라도 의미가 없는 것이다. 무아차회에서 봉차할 때 한 잔은 스스로를 위해서 남겨두는데, 이것은 자신의 차가 얼마나 잘 우려졌는가를 평가하여 차 맛을 개선하기 위해서이다. 차를 위해 다우를 위해 그리고 자신을 위해서 정성들여 최적의 차 맛을 낼 수 있도록 정진한다.

(5) 지휘자나 담당자가 필요하지 않다〔遵守公共約定〕

무아차회는 사전에 약정된 방식에 따라 진행하므로 당일 차회 장소에서 담당자나 지휘관이 필요하지 않다. 예를 들어 8시 30분에 좌석을 배치하고, 번호표를 준비한다. 9시에 도착한 참가자들이 순서대로 제비뽑기를 한다. 제비뽑기에 의해 정해진 번호대로 자신의 좌석에 앉는다.

좌석에 앉으면 자신의 다구를

배열하고, 대부분의 참가자가 다구 배열을 마치면 일어나 다른 사람의 다구를 감상한다. 예를들어 9시 30분에 차 우리기를 시작하면, 모두가 자기 좌석으로 가서 차를 우리기 시작한다. 번호표 준비나 기타 일을 맡았던 사람도 이때 자신의 자리로 돌아가 함께 차를 우린다. 첫 번째 차가 우러나면 자리에서 일어나 정해진 방향의 다우에게 봉차하고 자신의 차를 마신다. 모두가 첫 번째 차 마시기를 마치는 것을 기다려 두 번째 차 우리기를 시작한다.

정해진 마지막 차 마시기가 끝나고, 만일 음악 감상이 있으면 원래의 자리에 정좌하여 조용히 감상하면서 차의 여운을 즐긴다. 음악이 끝나면 봉차반을 들고 자기가 봉차한 사람의 좌석으로 가서 자신의 찻잔을 회수해 온 후 다구를 정리한다. 이때 사용한 차 찌꺼기를 함부로 버리지 않는다. 이로서 차회는 모두 끝을 맺는다.

차회 진행에 있어서 지휘자가 전혀 필요하지 않으며 모두 사전계획대로 자연스럽게 진행된다. 무아차회에 자주 참석하면서 자연스럽게 공공의 약속을 준수하는 습관을 기른다.

(6) 찻자리에서 대화하지 않는다〔培養默契, 體現團體律動之美〕

'다구감상'시간이 지나면 차우리기가 시작되는데, 이때부터는 일체 대화를 하지 않는다. 차가 우러나기를 기다리면서 스스로 고요한 경지로 돌아가 지금 내가 존재하고 있는 이 공간, 나와 대지 및 주위사물과 결합하는 감각을 돌아본다.

'봉차'할 때는 모두가 고요한 정서 속에서 네가 나에가 차를 주고, 내가 또 다른 누구에게 차를 올리고, 그는 또 다른 누군가에게 봉차한다. 피차간에 보이지 않는 끈에 이끌려 움직이는 파동의 아름다움을 느낀다. 이때는 심지어 '차 드세요', '감사합니다'라는 인

사말조차 필요하지 않으며 작은 미소로 도 충분하다.

차회의 진행은 우주의 운행과 계절의 변화처럼 자연스럽게 무성·무지휘로 이루어진다.

(7) 다법에 구애되지 않는다(無流波及地域之分)

무아차회에서는 다법에 제한을 두지 않는다. 모든 유파와 모든 지역을 포용하며, 차의 종류 다구의 종류, 차 우리는 법 등 어떠한 제한도 없다. 다구가 다르고 차가 다르고 복장과 언어, 종족과 국가가 달라도 모두가 함께 차회에 참가하여 자신이 가져온 차를 정성들여 우려서, 우연히 옆자리에 앉게 된 다우에게 공손하게 올리는 것이다.

3) 무아차회의 유의점

(1) 준비물

무아차회에 참가할 때는 간략하면서도 아름다운 다기를 선택한다. 차호는 적정한 크기를 선정하고 너무 진귀한 차호는 심리적인 부담을 주므로 피한다. 차충(또는 공도배)을 가지고 오지 않으면 두 번째 차를 봉차 할 때 난관에 빠진다. 차호로 직접 봉차하면 손님들의 차탕의 농도가 모두 달라지게 되므로 걸음망이 설치된 차충을 반드시 휴대한다. 찻잔은 깨지기 쉬운 얇은 잔, 굽이 좁아 안정감이 없는 잔이나 용량이 큰 잔은 피한다. 용량이 50cc를 넘는 잔은 타인에게 너무 많은 차를 강요하는 결과를 낳는다. 그리고 규정된 찻잔의 수를 지켜야 한다. 우리나라 차석에서는 홀수의 찻잔을 준비하는 것이 일반적이지만 무아차회에서는 4개의 찻잔을

   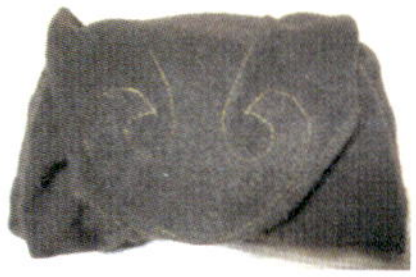 

준비하여야 한다.

봉차반은 잔이 미끄러지지 않는 것으로 하고 적절한 크기를 선택한다. 차호 보호를 위한 천을 차건으로 대체하지 않으며 신문지를 자리로 사용하지 않는다. 목욕탕용이나 해변용 은박지 돗자리도 보기 좋지 않다. 알람시계를 계시기로 사용하면 고요한 정적을 깨뜨리므로 별도의 계시기를 휴대한다. 보온력이 뛰어난 적합한 크기의 보온병을 사용하며 출발 직전에 바로 열탕을 부어 둔다. 다구 보호를 위한 용품을 별도로 사용한다. 일회용품 사용으로 쓰레기를 만들지 않도록 하며, 품질이 떨어지는 차, 오래된 차, 약차나 화차 같은 대용차를 사용하지 않는 것이 좋다.

(2) 복장

미니스커트나 반바지 달라붙는 옷은 피하고, 길게 늘어선 목걸이나 팔찌 허리띠도 피한다. 긴 부츠 · 등산화 · 슬리퍼 또는 끈을 묶어야 하는 신발, 꽃무늬 양말, 지나치게 튀는 색상이나 더러운 양말은 피한다.

(3) 포다 및 봉차

다구는 기능성을 우선으로 순서대로 배치한다. 차석에 차화茶花나 향, 광고성 명함 등은 가능한 사용하지 않는다. 봉차반 위의 찻잔에 모래가 들어가지 않도록 찻잔을 엎어 놓는다. 비닐봉지나 종이는 날아가지 않도록 가방 안에 정리하며, 다구 감상시 다른 사람의 다구에 손대지 않는 것이 예의이다. 모든 잔에 적당량의 차를 따르며 주변을 의식하지 않고 포다에 전념한다.

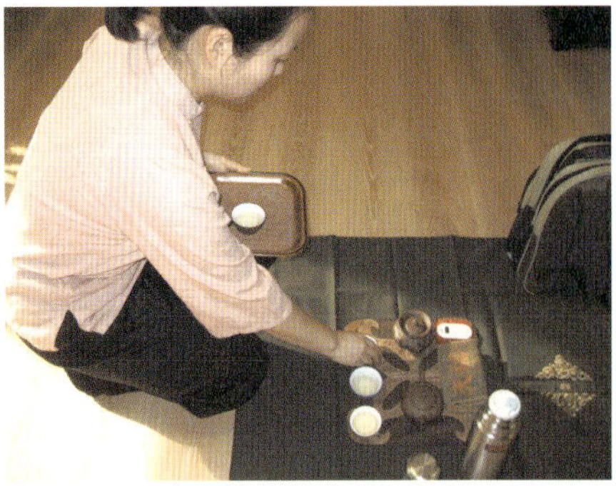 

봉차반은 안정감 있게 잡는다. 봉차는 한 쪽 무릎을 꿇고 안정된 자세를 취한 후 한다. 다른 사람이 봉차를 할 때는 일단 차를 받고 자리를 떠난다. 봉차 전후에 예를 표하며 상대방이 앉아 있을 때는 한쪽무릎을 꿇고, 서 있을 때는 서서 예를 표한다.

주위의 참가자가 잔을 회수해 가기 전에 찻잔을 닦는다. 잔에 남은 차는 모두 마시며 자기 잔을 회수할 때도 상대방이 차를 다 마시길 기다려야 한다. 구경하는 사람들에게 봉차한 종이컵도 회수한다.

4) 간이 포다법

(1) 무아차회 다구 배치법

자리가 정해지면 자신이 앉을 자리와 포다를 할 수 있는 정도의 넓이에 맞는 자리를 설치한다. 너무 넓은 자리를 설치하면 번잡할 뿐 아니라 다른 사람에게 피해가 될 수 있으므로 넓이에 유의한다. 가방에서 봉차반을 먼저 꺼내 멀리 놓는다.

두 개로 나누어 포장한 다기를 펴고 찻잔 보호막을 벗기고 찻잔과 차호는 봉차반에 올려둔다.

두 번째 차호 보호건을 벗기고, 차호와 차충을 포다 위치로 옮겨놓은 후 찻잔은 봉차반 위에 올린다. 차건을 앞으로 옮겨 놓고 보온병을 왼쪽에 계시기를 오른쪽에 배치한다.

무아차회와 같이 시간이 미리 정해진 차회에서는 별도의 차통을 휴대할 필요가 없이 그날 포다할 분량을 미리 차호에 넣고 포장한다. 보조다구를 최소화할 수 있는 방법이다. 또한 번잡한 장식이나 차화의 사용을 피하고 다식도 피하거나 최소화한다.

(2) 야외용 다구

무아차회 외에 야외용 차회는 대화가 중심인 정겨운 차회가 대부분이므로 차의 양도 넉넉하게 준비하고 약간의 다식도 준비하는 것이 좋다. 특히 여러 종류의 차를 우릴 수 있으므로 물을 버리거나 차호를 씻거나 하는 중에 퇴수기가 필요하지만, 퇴수기를 휴대하기는 매우 번거롭다. 가능하면 퇴수기의 역할을 겸용할 수 있는 다반이 포함된 다구세트를 사용하여야 잔디밭 등에 무단으로 물을 버리지 않을 수 있다.

제7장

중국 차문화사

중국 차문화사

1. 중국차의 음다법 변천과정

1) 중국차의 음다법

차의 발견 이후로 중국에서는 역대로 차의 선택과 물의 선별, 다구와 보조 재료, 차를 끓이는 방법과 차를 내는 방법 및 차의 품평 방법 등에 대해 오랜 연구가 진행되는 가운데 음다의 풍속이 형성되고 차문화가 발전하였다.

일반적으로 화북 · 동북 · 사천 등의 북방 지역에서는 화차를 좋아하고, 강소 · 절강 · 안휘 등에서는 녹차를 즐기며, 동남 연해 지역에서는 오룡차를 좋아한다. 이렇게 중국내에서도 지역에 따라 좋아하는 차가 다르지만, 중국인이 차를 마시는 방법도 지역에 따라 다양하다. 오늘날 중국인은 대부분 차에 끓는 물을 부어서 우려 마시는 방법으로 차를 마시지만, 손님 접대는 물론 식사대용이나 반찬으로 먹는 경우도 있다.

복건성 남쪽에서는 고아한 다구를 갖추고 독특한 풍격에 따라 차를 마시는 방식과 품평을 중시하는 공부차工夫茶를 즐긴다. 사천성에서는 뚜껑이 있는 다완에 차를 마시는 개완차蓋碗茶가 유행하고, 호남성 일부에서는 찻잎과 노란콩 · 옥수

수・녹두・땅콩・설탕 등의 조미료를 섞어 즙을 만들어 저장했다가 끓인 물을 부어 마시는 뢰차擂茶를 사계절 마신다.

이 외에도 소수민족의 차를 식용으로 이용하는 문화는 소수민족마다 다르다고 해도 과언이 아닐 정도로 다양하다.

광서 북부 및 호남성과 귀주성 일대의 소수민족은 공통적으로 타유차打油茶를 좋아한다. 타유차는 먼저 차기름으로 찹쌀과 찻잎을 볶다가 소금과 물을 넣어 끓여 차의 즙을 걸러낸 후, 팔팔 끓는 유차탕油茶湯에 파나 야채를 비롯해 찹쌀・땅콩・노란콩을 넣어 마신다. 운남성 서북의 소수민족은 긴압차緊壓茶를 빻아 화로에 굽다가 끓는 물을 부어 다시 끓인 뒤 소금을 넣어 마시는 염파차鹽巴茶를 일상 음료로 마신다. 그리고 몽골에서는 잘게 부순 전차를 끓인 다즙에 우유나 양젖을 타고 소금을 넣어서 먹는 내차奶茶를 마시는 풍습이 있다.

이와 같이 차의 종류와 차를 마시는 방법은 지역에 따라 다르지만, 음다 문화는 수백 년 동안 유행되면서 중국 민족의 역사적 성격을 분명하게 드러내고 있다. 아래에서는 중국인의 이러한 음다법이 시대별로 어떻게 변화되어 왔는지 살펴본다.

2) 고대의 음다법

중국에서는 언제 어느 지역에서부터 차를 마시기 시작하였을까. 선진시기부터 위진남북조에 이르기까지의 차에 관련된 역사 자료가 매우 적어서 정확한 고증에 어려움이 많으나, 관련 기록으로 당시 음다 문화를 짐작케 한다.

당대 육우는 『다경』에서 "차를 마시게 된 것은 신농씨에게서 비롯되었다."고 하였는데, 중국인은 이 전설을 근거로 중국에서는 삼황오제 시대에 이미 차를 마시기 시작하였다고 주장한다. 하지만 신농은 신화 전설상의 인물로 구체적 역사 시기가 아니며, 고대 문헌 자료의 고증을 초월하고 있어 충분한 과학적 근거가 부족하다. 앞에서 소개한 신농의 이야기는 『신농본초경』에 나오는데, 이 책은 한대에 지어진 후대 사람의 저술로 학문적 근거로서의 가치가 없다.

은주殷周시대가 되면 문헌에 차에 관한 기록들이 등장하기 시작한다. 『시경詩經』「칠월七月」에는 '채도采荼'라는 말이 보이고, 『이아爾雅』에서 "가檟는 고도苦荼다."고 했는데, '도荼'나 '고도苦荼'는 모두 차를 뜻하는 차의 별칭이다. 이러한 기록으로 보아 은주시기 이전부터 차를 먹거나 마시기 시작하였고, 당시 차를 마시는 풍습이 이미 전승되기 시작한 것으로 짐작할 수 있다.

그리고 육우는 『신농식경』에 "차를 오래 복용하면 사람에게 힘이 솟게 하고 뜻을 즐겁게 해준다."고 했다고 언급하였는데, 한대 유생에 의해 지어진 이 책으로 미루어 보아 진한 이전에는 차를 약의 일종으로 이해하고 복용하였을 것으로 짐작할 수 있다.

한나라에 이르면 찻잎에 대한 문헌기록이 증가한다. 동한 허신許愼의 『설문해자說文解字』에 "명茗은 차의 싹이다."라는 기록이 보인다. 또한 『한서漢書』「지리지地理志」에는 '도릉荼陵'(지금 호남성의 다릉茶陵)이라는 지명이 보인다. 서한 시기의 이러한 기록은 당시 차나무가 이미 사천성에서 호남, 호북 지역 일대까지 심고 있었음을 짐작케 한다. 또한 전한 왕포王褒의 『동약僮約』에는 "차를 다리고 도구를 깨끗이 관리할 것"이라고 한 것과 "무양에 가서 차를 사올 것"이라는 내용이 있는 것으로 보아, 당시 찻잎이 일상생활의 필수품이었음을 짐작할 수 있다. 그러나 한나라 사람들의 음용방식에 대해서는 문헌에 상세히 전해지지 않는다. 따라서 당시에는 대체로 원시적 방법으로 차를 끓여 마시거나 소금이나 생강을 넣어 함께 끓여서 약물처럼 복용하였을 것으로 추측하고 있다.

삼국시기를 거쳐 위진魏晉 시기의 음다에 관한 문헌도 지금까지 전해지는 것은 드물지만, 다행스럽게도 당시 문헌과 문인들의 시가 중에 음다에 관한 기록이 일부 전해진다. 위나라 장읍張揖의 『광아廣雅』에 "형파荊巴지역에서는 가도檟荼의 잎을 구워 콩잎, 귤껍질 등을 넣어서 차를 만들어 마셨다. 이것을 마시면 술이 깨고 잠이 오지 않게 한다."고 했고, 또한 『광아廣雅』에 "형파荊巴지역에서는 차를 채취하여 떡으로 만들었다."고도 했다. 이는 당시 사람들이 술을 깨고 잠을 쫓기 위하여 차를 마셨는데, 당시 차를 마실 때에는 병차를 갈아서 가루로 만들어 끓인 물을 부어서 마시거나 이를 끓여서 마신 것이다. 이러한 방법은 당송대에 이르러 크게 변화하였다.

『삼국지』「오서吳書 · 위요전韋曜傳」에는 오나라의 황제 손호孫皓가 술을 대신하여 차로 술을 마시는 못하는 위요韋曜를 대접한 이야기도 보이고, 차에 대해 노래한 최초의 시가인 진대의 문인 두육杜毓의 「천부荈賦」는 찻잎의 성질 · 성장 · 채취 방법과 차에 사용하는 물 · 기구 · 차의 색깔 등이 묘사되어 있다. 이렇게 위진남북조 시기에 이르러 차를 마시는 풍속은 점차 장강의 중하류 지역까지 전해져 강남 사대부들의 일상 음료가 되었을 뿐만 아니라 연회와 접대는 물론 제사에까지 사용되었다.

이와 같이 당 이전에 대체로 북방에서는 그다지 차를 마시지 않았으나, 남방에서는 사천에서부터 장강 중류의 형초荊楚지역과 장강 하류의 오월吳越지역에서 차를 마시는 것이 상당히 보편화 되면서 차를 끓일 때 물과 기구의 선택에 대해서까지 관심을 갖기 시작하였다.

3) 당대의 음다법

당대에 이르러 차를 마시는 풍습은 크게 발전했다. 당의 정치적 통일과 정국 안정에 의한 태평성세 속에 차가 크게 유행하며 차문화를 형성하였다. 특히 다성茶聖으로 받들어지는 육우陸羽에 의해 당대 음다의 기풍은 더욱 널리 보급되었다. 육우는 음다 예술을 제고시켰으며, 차가 문화생활의 하나가 되는 음다의 황금시기를 이끌었다. 당대 봉연封演의 『봉씨견문기封氏見聞記』 권6에 "개원 중기에 이르러 …… 차를 마시는 풍속이 중앙에서 유행하였기 때문에 변방지역까지 전파되었다."고 했듯이, 당시 음다의 기풍은 중국 남방에서 북방의 화북 지역과 한국 · 일본 등 외국으로까지 전파되었다.

당 화강암 다기세트

차의 수요가 증가하자 차의 생산지도 남쪽 전반으로 확대되었고, 제다기술의 발달로 명차가 생산되기 시작했다. 당시 북쪽에서는 아직 차가 생산되지 않아 남쪽과 북쪽 사이에는 찻잎 무역이 이루어졌다. 이 가운데 당 왕조는 정식으로 다정茶政을 수립하고, 재정수입을 늘리기 위해 찻잎에 세금을 부과하여 차세茶稅를 징수하기 시작하였으며, 중만당기에 이르러 차는 당 경제와 무역의 중요한 부분이 되었다.

궁중에서는 각지의 고급 명차를 헌납하게 하여 최고 품질의 차를 향유했고, 당 덕종德宗 정원貞元 17년(801)에는 절강성 호주湖州의 고저산顧渚山에 '공다원貢茶園'을 만들어 궁정 전용의 차를 생산하게 하였다. 당 황실의 이러한 공다원 제도는 오대십국을 거쳐 송대에도 계속 이어졌다. 특히 황실에서는 청명절에 성대한 차회를 개최했는데, 이를 '두강頭綱차회'라고 하였다.

당시 차를 마시는 풍습이 널리 확산되었던 것은 불교의 번영과도 깊은 관계가 있다. 사찰의 승려들이 철야로 참선을 할 때 피로를 없애고 졸음을 쫓기 위해서 차를 마시면서 선승들과 절 주변에 음다 풍속이 널리 퍼지자, 일반 신도들은 물론 점차 사회 전체로 확산되었다. 봉연封演의 『봉씨견문기封氏見聞記』 권6에 이와 관련된 내용이 보인다. "개원 중기 태산 영암사에서 항마선사가 선종을 크게 일으키자, 선종 교리를 배우느라 제자들은 잠을 자지 않고, 또 저녁에는 먹지도 않고, 모두 차만을 마셨다. 사람들은 직접 품속에 끼고 다니면서 도처에서 끓여 마셨다. 이때부터 서로 전하고 모방하자 점차 풍속이 되었다."

당대에 이와 같이 음다 기풍이 흥성할 수 있었던 데에는 여러 가지 원인이 있었다. 당은 정국의 안정 속에 경제와 교통의 발달로 다업茶業 무역을 크게 성장시켰다. 이로 인해 남방에서 생산된 차가 대운하를 통해 북방으로 전해지면서 차를 마시지 않던 북방인들도 쉽게 차를 마시게 되었다. 한편 불교의 영향으로 선승들이 차를 마시게 되면서 사원을 중심으로 차가 민간에까지 보급되었다. 또한 육우의 『다경』이 차에 관한 지식을 종합하여 음다의 풍격을 제고시키자, 차를 마시는

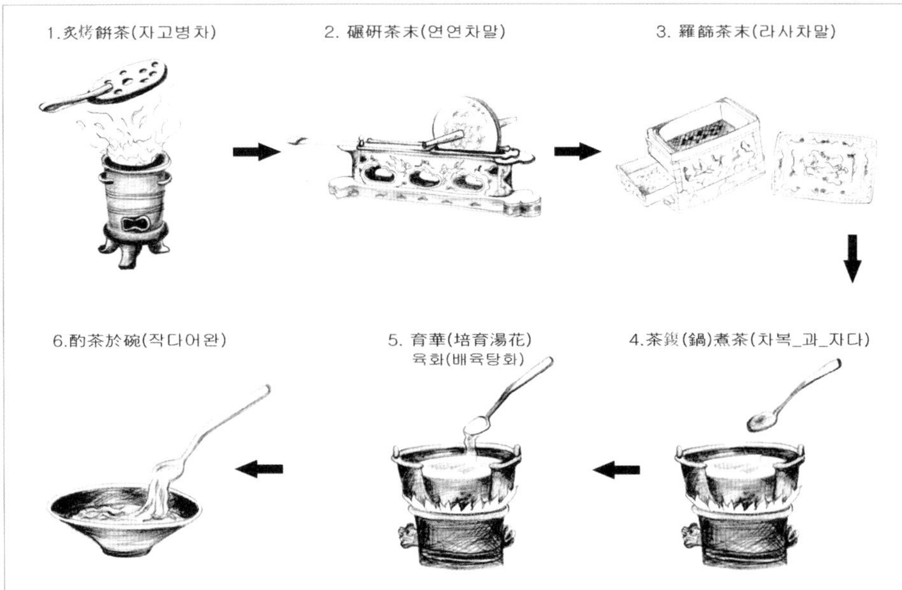

당대 전다법 과정

당, 금은염대(金銀鹽臺)

당, 금은 차시(茶匙)

당, 차보관용 금은 롱(籠)

것은 당대 사회의 문화적 현상이 되었다.

다도茶道의 백과전서로 일컬어지는 육우의 『다경』은 세계최초의 다서茶書로서, 차를 달이고 마시는 방법 등에 대해 광범위하게 언급하였다. 『다경』에 의하면, 당시 마시던 차로는 "조차粗茶 · 산차散茶 · 말차末茶 · 병차餠茶."의 네 종류가 있었다. 차의 종류별로 그 음용법에도 차이가 있었다. 조차는 찻잎과 줄기를 잘게 썰어서 솥에 끓여 마시고, 산차는 생 찻잎 그대로 솥에 끓여 마신다. 말차는 찻잎을 볶아서 가루로 만든 다음 솥에 끓여 마시며, 병차는 찻잎을 찌거나 압축해서 떡 모양으로 만든 다음 불에 말려서 다시 가루로 만들어 솥에 끓여 마시는 것이다.

차의 종류에 따라 끓이는 방법도 이렇게 각각 다른 방법이 사용되었음을 알 수 있다. 그 가운데 육우는 병차와 그 음용법을 권장하였다. 병차는 찻잎을 따다가 쪄서 찧고, 가볍게 두드려서, 불에 쬐어 말린 후에 하나하나 꿰어서 밀봉을 하는 7단계의 제조 공정을 거쳐서 각지로 운송되었다.

이렇게 만들어진 병차를 끓여 마시는 방법을 전다법煎茶法 혹은 자전법煮煎法이라고 부른다. 병차를 끓이기 전에는 먼저 자炙 · 연碾 · 라羅의 세 과정을 거쳐야 한다. '자炙'는 차를 불에 굽는 과정이다. 병차는 보관 중에 수분을 흡수할 수 있기 때문에 불에 구어 쉽게 차의 향이 나도록 하는 것이다. 수증기가 다 증발되면, '연碾' 즉 맷돌로 빻는 과정을 거친다. 당나라 때는 일반적으로 목제품의 연을 사용했으나, 송대에는 황금과 석재로 제작하기도 했다. 연으로 빻은 가루는 '라羅' 즉 체로 쳐서 가루 형태의 말차를 만든다. 이렇게 구워서 말차가 만들어지면, 바로 전다를 할 수 있다.

전다의 과정은 물 끓이기 과정의 소수燒水와 차 끓이기의 자다煮茶가 포함된다. 먼저 육우가 설계한 귀가 달린 큰 솥의 복鍑에 물을 끓인다. 작은 소리를 내며 물이 끓기 시작하면 적당한 양의 소금을 넣어 맛을 조절한다. 물이 다시 용솟음치듯 끓으면, 끓는 물을 한 바가지 떠낸 뒤에, 작은 주걱으로 차를 한 주걱 떠서 끓는 물 안에 넣고 휘젓는다. 다탕茶湯이 거품이 나오면서 끓으면, 먼저 퍼낸 물을 다시 부어 열기를 식히는데 이때 발생하는 거품을 탕화湯花 또는 부말浮沫이라고 한다. 당시 사람들은 탕화가 많은 차를 뛰어나다고 여겼다. 탕화가 뜨면, 주걱으로 찻잔에 차를 덜어내는 데 이를 작다酌茶라고 한다. 작다의 기본은 각 다완의 탕화가 모두 균일하게 하는 것이다.

병차는 이후 당에 이어 송대까지 이어졌다. 송대 사람들은 당대와는 다른 병차를 발전시켰다.

4) 송대의 음다법

송대는 비록 붕당의 다툼은 치열했으나, 경제적 번영을 바탕으로 문학과 예술과 차문화가 크게 발전했다. 천목다완天目茶碗의 등장과 선종禪宗 및 서화의 발전도 송대 차문화에 큰 영향을 미쳤다. 찻잎의 생산이 급격하게 증가하고 차관茶館이 일반화되었으며, 차를 마시는 풍속은 문인의 고상한 취미가 되었다.

송대 귀족들은 빈번하게 차회를 열었고, 상류사회에서만이 아니라 일반 백성들도 차를 마시게 되면서 차는 일상생활의 필수품이 되었다. 남송시기 도성 임안(臨安; 지금의 절강성 항주)의 모습을 묘사한 오자목吳自牧의 『몽양록夢粱錄』 권16에는 일반 가정에서 매일 빠져서는 않되는 것으로 땔감・쌀・기름・소금・간장・식초와 함께 차를 언급하고 있다.

또한 송대에는 대외무역의 증가로 도자기와 차는 중국의 주요한 수출품이 되었

송 유송년(劉松年) 연다도(輦茶圖)

원 조맹부(趙孟頫)의 투다도(鬪茶圖)

다. 당나라 이전에는 주로 중국의 비단과 오랑캐의 말이 교역되었으나, 송대에는 차와 서북 소수민족의 말을 교환하는 차마무역茶馬貿易이 성행했다. 초기에는 차의 수출이 민간에서 자유롭게 이루어졌으나, 신종神宗 희녕熙寧 7년(1074)에 차의 수출을 정부에서 독점하게 되자 서북방 변경에 차마무역을 맡아보는 관청인 차마사茶馬司까지 두었다. 차마무역은 원대에 잠시 중단되었다가 명나라와 청나라 때까지 지속되었다.

송대의 차는 병차 위주였지만 제작은 더욱 섬세하고 아름다웠다. 북송초, 태평흥국 3년(978)에 송 태종이 황가 전용의 용단차龍團茶와 봉단차鳳團茶를 제작하도록 한 이후 우수한 용봉차가 생산되었다. 병차의 일종으로 편차片茶라고도 부르는 용봉차는 압축한 차의 표면에 용과 봉황의 도안이 새겨져 있었기 때문에 용봉차라고 불렀다. 용봉차는 남쪽의 복건성 건안建安에서 주로 헌납되었고, 이를 계기로 건안은 전국 찻잎 생산의 중심지로 발전하였다.

송대에는 특히 차를 단지 마시는 것뿐만 아니라 찻잎의 품질과 차를 우려내는 기술로 승부를 겨루는 '투다鬪茶'가 유행했다. 투다는 '점다點茶' 혹은 '명전茗戰'이라고도 한다. 투다에 사용하는 찻잎은 병차로, 당대에는 병차를 구워 병차의 가루를 솥에 끓여서 마셨다면, 송대에는 병차를 더 이상 굽지 않았다. 솥에서 차를 끓이지 않고, 먼저 물을 끓이고 뜨겁게 데운 차완에 차가루를 넣은 후, 차완에 다시 직접 끓는 물을 조금씩 부어서 차선茶筅으로 충분하게 저어서 혼합하였다. 또한 송나라 사람들은 물을 끓일 때 큰 솥을 사용하지 않고, 은이나 철로 된 물병을 사용했다.

투다란 이렇게 우려낸 차로 차의 색, 거품의 색, 향, 맛을 겨루는 것이다. 투다 과정에서 '점點'은 매우 중요한 단계로 성패 여부가 여기에서 결정되기 때문에 '점다點茶'라고 했다. 따라서 송대 유행한 음다법을 점다법이라고 한다. 점다란 실제로 물을 붓는 것으로 찻잔 안에 끓는 물을 부을 때는 동시에 '격불擊拂'이 필요하다. 대나무를 잘게 쪼개서 특수 제작된 솔빗자루 모양의 '차선茶筅'을 사용하여 빙빙 회전을 시켜서 찻잔 안에 있는 차탕을 털어내면서 움직이게 했다. 역시 한 손으로는 물을 붓고, 다른 한 손으로는 차선을 쥐고 차를 휘젓는다.

송대에는 격불로 인해 생긴 포말을 즐기는 음다 방식으로 인해, 차완도 청자뿐

송대 점다법 과정

송대 금은 탕병

하북 요묘(遼墓) 벽화

만 아니라 건안建安에서 제작된 흑자黑瓷인 건잔建盞 즉 천목다완天目茶碗의 발달을 가져오게 되었다. 건잔은 이름 그대로 건주(建州, 지금의 복건성 建陽)에서 생산되는 잔으로 검은 자색을 띠고 있다. 흑유다기黑釉瓷器 계열에서 가장 뛰어난 것으로 이 잔을 흑건黑建, 자건紫建 혹은 오니건烏泥建이라고도 했다. 찻잔은 입이 넓고 밑이 작고 벽이 두터운 작은 주발 같은 잔을 사용하였다.

투다는 당말 복건 건안에서 시작되었다가 송대에 유행하면서 차를 마시는 하나의 특별한 유희로 발전하였다. 투다의 유행으로 송대 단차의 제다기술은 더욱 향상되었고, 음용법도 더 복잡해지고 섬세해지면서 점차 세련되어졌다. 그러나 휘종 조길趙佶이 『대관다론大觀茶論』에서 기술한 '점다법'은 지나친 기예 추구로 인해 당시 문인들은 오히려 간략한 방법을 선호하였다. 따라서 남송이후, 점다의 기풍은 점차로 쇠미해지기 시작했다. 하지만 점다법과 천목다완은 일본으로 전해져 오늘날까지 성행하고 있다.

5) 명청시기 음다법

송대 궁정과 상층 사회에서 병차가 유행하고 있을 때, 민간에서는 마시는 방법이 간편한 산차散茶가 유행하기 시작했다. 송말원초 남방에서부터 유행하기 시작한 산차는 명대에 이르러 전면적으로 보급되기 시작했다.

명청 시대는 황권이 강화되고 전제 정치의 제도가 완비된 시대다. 용봉단차 제조로 인해 국력이 소모되고 차농茶農의 폐해가 속출하자, 명 태조 주원장은 홍무洪武 24년(1391)에 "용봉단차 만드는 것을 금지하고 어디에서나 어린 싹에서 딴 아차芽茶 즉 산차를 진상하라."고 조서를 내렸다. 황제가 단차 제조를 금지시키자, 그 후 궁궐로 헌납하는 차는 모두 산차로 바뀌었다. 이로써 잎차의 시대가 시작되었다.

명대에는 찻잎의 생산과 가공에도 중대한 변화가 있었다. 가공기술에서는 증청蒸青이 개량되어 초청炒青이라는 건조방법이 나타났다. 증청법은 단차법에 적용되는 것이나, 초청은 채취한 어린 찻잎을 찌지 않고 열을 가한 솥에 볶아서 살청殺青하는 건조방법이다. 초청법은 녹차의 빛깔과 향기와 맛을 더욱 증진시켰다. 이로써 명대 사람들은 자연스럽고 순수한 차의 향기를 맛볼 수 있게 되었다.

고대의 초청 제다에 의한 명차를 가장 계통적으로 밝히고 있는 명대 나름羅廩의 『다해茶解』(1609)에서는 제다의 비결을 다음과 같이 상세히 기록하고 있다. "무릇 찻잎을 볶을 때는 한웅큼 정도가 적당하다. 손이 뜨거울 만큼 솥이 뜨거워지면 찻잎을 무쇠 솥에 넣고 톡톡 소리가 날 정도로 손을 빠르게 움직여 고르게 볶는다. 그러고 나서 죽롱에 꺼내놓고 얇게 펼쳐서 부채로 식혔다가 조금씩 비비면서 다시 볶는다. 가마솥에 넣고 수분을 건조시키면 찻잎이 비취색으로 변한다."

당송시기의 제다법에는 공예성이 강하여 차의 본성과 진향眞香을 훼손하고, 심지어 향을 첨가하기 까지 했다. 명대의 제다는 이와 달리 정련된 수분 건조 방법인 홍배烘焙 과정을 통하여 차의 본색과 진향을 유지시켰다.

산차의 보급과 함께 차를 끓여 마시던 전다법煮煎法은 차를 끓는 물에 불려서 마시는 충포법沖泡法으로 달라졌다. 충포법은 복잡한 음용법으로부터 벗어나 차의 자연적인 맛을 맛볼 수 있게 했다. 이러한 충포 방법에 의한 음다법을 포다법泡茶法이라고도 하는데, 오늘날 까지 연용되고 있다.

장원張源은 『다록茶錄』에서 충음법을 주장하면서 여러 가지 포다법에 대해서 상세하게 소개했다. 그는 차를 넣는데는 순서가 있다고 하였다. 먼저 찻잎을 넣은 후 끓인 물을 붓는 것을 '하투下投'라 하고, 끓는 물을 반정도 부은 다음에 찻잎을 넣고 다시 끓는 물을 붓는 것을 '중투中投'라 하며, 먼저 끓는 물을 가득 부은 후에 찻잎을 넣는 것을 '상투上投'라 했다. 이어서 그는 "봄과 가을에는 중투법을 쓰고, 여름에는 상투법, 겨울에는 하투법을 사용한다."고 했다. 장원에 의해 완성된 잎차의 행다법은 후에 한반도에도 큰 영향을 미쳤다.

단차 제조의 폐지는 복건성의 다업에도 변화를 초래했다. 이 시기 복건성에서는 홍차와 오룡차를 생산하기 시작했으며, 화차도 큰 발전을 이루었다. 전춘년錢椿年이 지은 『다보茶譜』(1539)에서는 "목서 · 말리 · 장미 · 난 · 귤 · 치자 · 목향 · 매화 등은 모두 찻잎에 첨가하여 가공할 수 있다."고 했다. 송대에 이미 말리화로 가공한 화차가 나오기 시작했으나, 명대에 이르러서는 더욱 다양한 꽃을 사용한 화차의 가공이 성행하였다.

명 중엽이후, 강남 상품 경제의 신속한 발전으로 특히 장강 중하류와 대운하 일대의 도시에서는 음다의 기풍이 유행했다. 음다는 사대부의 생활예술의 중요한 부분을 차지했고 제다 공예의 향상으로 명대 사대부의 고아한 품다 예술도 크게 발전했다. 명 중엽이후, 품다 예술의 유행으로 당송 시기 명차와 다구 감상의 기풍도 회복되었다. 당송 시기 품다가 비교적 의식을 중시했다면, 명대에는 번다한 다구와 의식을 줄이고 비교적 자연스러움을 선호하였다.

명, 구영(仇英) 죽원품고도(竹園品古圖)

고급 병차의 제작을 금지한 후, 음다법의 변화는 다구에도 커다란 변화를 가져왔다. 명대에 말차법末茶法을 완전히 배척하자, 번다한 다구들은 모두 쇠퇴하고 물을 따르던 다병茶瓶이

차를 따르는 차호茶壺로 발전했다. 원대 강서성 경덕진에서 제작된 청화자기의 발달로 원나라 사람들은 대부분 경덕진에서 제작된 청백자잔을 사용했다. 그러나 명대 사람들은 백자를 더욱 좋아했다. 허차서許次紓의 『다소茶疏』에도 "오늘날에는 순백을 아름답다고 여기며, 작은 것을 귀하게 여긴다. 정주(定州, 지금의 河北省 曲陽)의 정요定窯에서 만든 자기를 가장 귀하게 여기는데 구하기가 쉽지 않다."고 했다. 당시 사람들은 오늘날처럼 푸르게 볶은 녹차와 비슷한 아차芽茶를 마셨기 때문에 이처럼 작고 눈처럼 흰 것을 상품으로 여겼다.

명, 두근(杜堇) 완고도(玩古圖)

명대 중기이후, 차호의 형체가 작아지기 시작하면서 청화차호 외에 분채를 비롯한 각종의 채자차호가 등장하였다. 그러나 당시 사람들은 물론 후세에도 가장 큰 호응을 얻은 것은 강소성 의흥의 자사차호와 도기 찻잔이었다.

명말청초에 지어진 것으로 알려진 주고기周高起의 『양선명호계陽羨茗壺系』에 "차는 명나라에 이르면 다시는 빻아서 가루로 만들거나, 향약과 조합하거나, 병차를 만들지 아니했다. 이는 이미 옛 사람의 일이 되었다. 근 100년 동안 차호는 은, 주석 및 복건의 건잔建盞과 하남의 공현鞏縣 도자기를 물리치고 의흥의 도기를 숭상했으며, 근인은 옛 사람과 멀어지게 되었다."고 했다.

자사호가 유행하게 된 것은 명대 산차의 유행과도 밀접한 관련이 있다. 자사호는 몸체가 작아 보온성이 좋고 차향을 잘 유지할 수 있었다. 이러한 자사호의 실용성은 자연 추구의 문화적 심미 취향과 결합하면서 큰 호응을 얻게 되었다.

자사호는 처음 명대 정덕(正德, 1505~1521) 연간에 의흥의 금사사金砂寺에 있던 한 승려에 의해서 처음 만들어졌다는 이야기가 전해진다. 그러나 자사호는 가정(嘉靖, 1521~1566) 연간에 공춘供春이 처음 차호 밑바닥에 이름을 새기면서 널리 알려지게

고경주작 석표호

청, 의홍 개완

되었고, 명대 만력 연간에 이르러서는 자사호의 명인들이 등장했다. 이후 시대빈時大彬에 의해 자사는 더욱 우아해졌고, 그는 대형 차호를 문인들의 취향에 맞도록 소형으로 제작함으로써 유명해졌으며, 자사를 문인화시킨 "자사 제조의 대가"로 일컬어졌다. 청대에 이르러 의홍의 자사로 만든 다구는 더욱 발전하였다.

명에 이어 청대는 바로 잎차의 시대라고 볼 수 있다. 다구와 음다법 모두 명대와 유사했으나, 청대는 차 무역도 크게 확대되어 서양 각국과의 통상이 시작되면서 영국・미국・러시아 등으로 차가 수출되었다.

다법이 다양해진 가운데 청대에는 개완다법蓋碗茶法과 공부다법工夫茶法이 유행했다. 공부다법은 차를 우려내는 방법의 기술성과 예술성을 중시했는데, 공부차는 당시 고관귀족이나 문인들에게 환영을 받았다. 일반 서민들은 찻잎을 차호나 찻잔에 넣고 뜨거운 물을 부어 잠시 기다렸다가 마시는 간단한 방법이나 개완잔을 사용했다. 현대에는 북방의 개완차나 남방의 공부차 모두 일반적인 다법으로 통용되고 있다.

명청 시기에 차와 관련된 가장 큰 사건은 두 가지였다. 하나는 차완의 변화다. 차완은 큰 것에서 작은 것으로 변했으며, 또한 청흑색의 흑유자기를 선호하는 데서 청화백자를 선호하는 것으로 변했고, 의홍 자사 다구가 이용되었다. 또한 복건성의 제다기술의 변화로 무이산의 오룡차 계열이 등장했으며, 동시에 외국으로 수출되는 홍차를 탄생시켰다.

명청 시기에는 사회 내부의 상품 경제의 발전과 차의 대외 무역 확대로 잎차가 크게 발전했음에도 불구하고, 청대 중엽부터 중국의 다업과 다예는 쇠퇴하기 시작했다. 청말에 이르러 다업은 기울기 시작했고, 중국 근대의 혼란 시기를 거쳐 20세기에 들어서는 전쟁과 혁명으로 인해 중국의 품다 예술은 잠시 소강기를 가진다.

20세기 후반에 이르러 대만을 중심으로 현대 중국인들에 의해 "다도茶道"가 제기 되면서 명청 시기 문인들이 즐긴 차의 정취를 다시 추구하게 되었고, 명청 시기의 충포법을 위주로 한 음다법을 다시 복원하여 널리 전파시키고 있다.

2. 중국의 다서

차문화는 중국 전통 문화의 중요한 부분이다. 중국에서는 일찍부터 차에 관한 전문적인 서적이 출현했을 뿐 아니라, 역사서나 방지方志, 필기류筆記類와 자서류字書類의 고서 가운데도 다사茶事와 다사茶史는 물론 음다법飮茶法과 차 생산 등에 관한 내용이 보인다. 당대 육우陸羽의 『다경茶經』에 의하면, 중국에서는 당 이전에도 차 관련 문헌이 있었다고 한다.

당대 이르러 육우의 『다경』이 출현한 이후, 차 관련 문헌은 부단히 출판되어 근대까지 약 200여 종이 출판되었다. 그 중 당대부터 청말 까지 출판된 차 문헌은 100여 종에 이른다. 차 문헌에서 다루고 있는 내용은 매우 다양하다. 다서는 차나무의 재배로부터 차의 채취와 제조, 차의 평가 및 다구 등에 이르기 까지 종합적인 내용을 다룬 것이 있고, 차생활에 관한 내용을 전문적으로 논한 다서가 있는가 하면, 차를 끓일 때 사용하는 물에 관해서만 다루기도 하고, 제다와 다구에 대해서만 다루는 경우도 있고, 명차의 역사나 생산에 관해서만 다루는 경우도 있다.

육우 이후에 『다경』을 계승한 수많은 다서가 편찬되었는데, 시대별로 대표적인 다서를 살펴보기로 한다.

1) 당대의 다서

당대에는 7편의 차 관련 문헌이 있었다고 전한다. 하지만 지금까지 비교적 완전하게 보존되어 전해지는 것은 단지 2종뿐이다. 당대에 이르러 정식의 차회와 차연(茶宴)이 확립되면서 차생활에 관한 기록도 100여 건이 전하며, 차가 문학과도 결합하여 차를 소재한 시가 150수가 있다.

(1) 『다경』

『다경』은 육우[陸羽]가 758년경에 완성하였다. 『다경』은 처음으로 당대와 당 이전의 차사에 대해 종합적이고 계통적으로 총결한 저서이자, 세계 최초의 다서이다. 육우는 역대 차 자료를 폭넓게 수집하고 직접 조사를 통해 당대와 당 이전의 차의 역사・산지・효능・재배・채취・제다・식용 지식과 기술에 대해 서술했는데, 이는 고대에 가장 완비된 다서로서 차의 생산과 발전에 큰 영향을 미쳤다. 내용은 크게 3권 10절로 구성되었다. 상권 3절은 차의 근원[一之源], 차의 도구[二之具], 차 만들기[三之造] 3절로 구성되었다.

상권의 제1절 「차의 근원」에서는 차의 기원・명칭・품질에 대해 서술했으며, 차나무의 형태와 특징, 차의 품질과 토양의 관계에 대해서도 소개하였다. 제2절 「차의 도구」에서는 차의 채취와 병차의 제조에 필요한 19종의 도구의 명칭과 규격 및 사용 방법에 대해 상세히 설명하였다. 제3절 「차 만들기」에서는 차의 종류와 채취 및 병차의 6단계 제다 순서에 대해 서술했다.

중권의 제4절 「차의 그릇」에서는 차를 끓이고 마시는 데 필요한 28종 다구의 명칭・형태・규격・제작방법・용도 및 기구의 차탕 품질에 대한 영향은 물론 각 지역 다구의 수준 및 사용 규칙에 대해 서술했다.

하권의 제5절 「차 달이기」에서는 팽다의 방법과 각 지역 수질의 우열에 대해 서술하고, 병차를 굽는 방법과 병차를 구울 때의 연료, 찻물을 끓이는 정도와 방법이 차의 탕색에 미치는 영향 등을 서술했다. 제6절 「차 마시기」에서는 음다 풍속의 기원・전파와 음다 풍속을 서술하고 음다의 방법을 제기했다. 제7절 「차의 옛일」에서는 당 이전의 차와 관련된 역사 자료를 비롯해 전설・시가・산지・잡문 및 약효 등에 대해 서술했다. 제8절 「차의 산지」에서는 당대 차 생산지와 품질에 대해 서술하고, 당대 전국의 차 생산 구역을 8대 구역으로 나누어 각 산지에서 생산된 차의 품질을 상중하 등으로 평가했다. 제9절 「차의 생략」에서는 어떤 다구와 다기를 생략할 수 있는지, 그리고 어떤 상황에서 생략할 수 있는지에 대해 이야기했다. 제10절 「차의 그림」에서는 『다경』에서 언급한 내용을 일목요연하게 그림으로 제시했다.

명대 서위徐渭, 장겸덕張謙德, 황흠黃欽 등도 『다경』을 지었다. 이 외 송대 주강周絳이 『속다경續茶經』을 지었고, 명대 손대수孫大綬는 『다경수변茶經水辨』과 『다경외집茶經外集』 2권을 지었으며, 청대 육정찬陸廷燦이 『속다경續茶經』을 지었고, 반사제潘思齊도 『속다경續茶經』을 지었다.

(2) 『전다수기煎茶水記』

이 책은 장우신張又新이 지었으며, 825년경에 출판되었다. 본래는 『수경水經』이라고 하였으나, 북위 시대 『수경주水經注』와의 혼란을 피하기 위해 『전다수기』로 바꾸었다. 주로 차탕의 품질과 차에 적합한 용수의 관계를 서술했다. 작자는 산물[山水]・강물[江水]・하천물[河水]・샘물[井水]의 성질이 차의 색・향・미에 영향을 미친다고 주장하고, 각 지역의 물을 20 등급으로 분류했다. 장우신은 차산지의 물이 차를 끓이는데 좋다고 보았으며, 차탕이 완전히 물의 영향만을 받는 것은 아니라고 하고, 잘 끓이고 그릇을 깨끗이 하는 것도 중요한 것이라고 했다.

2) 송대의 다서

송대에 지어진 다서는 9종이 전해진다. 송대에는 문인과 귀족 사이에 차회와 투다가 성행하면서 차생활에 관한 기록이 320여건이 전해진다. 송대에는 문인들이 차를 마실 뿐 아니라 차를 노래하고 차를 찬미하는 것 자체를 하나의 예술로 승화시키면서 가장 많은 다시가 지어졌다.

(1) 『다록茶錄』

송대 채양蔡襄이 지었으며, 1051년경 완성되었다. 채양은 육우의 『다경』이 복건 건안建安의 차를 다루고 있지 않고, 차를 끓이는 방법이 아직 널리 알려져 있지 않아 이 책을 지었다고 하였다. 상하 양편으로 구성되어 있다. 상편에서는 차의 색, 향, 맛을 비롯하여 차의 저장방법, 차를 굽는 법[炙茶], 차를 가는 법[碾茶], 차를 체에 치는 법[羅茶], 차탕의 품질[候湯]과 다완을 데우고[熁盞] 차를 끓이는 법[點茶] 등을 다루었다. 하편에서는 다기茶器에 대해 다루고 있다. 다배茶焙, 다롱茶籠, 침추砧椎, 다검茶鈐, 다연茶碾, 다라茶羅, 다잔茶盞, 다시茶匙, 탕병湯甁 등 9종의 다기에 대해 상세히 다루었다. 차를 끓이는 기구는 차의 색과 향과 맛을 유지하는데 중요한 요소임을 강조했다.

채양蔡襄은 복건에서 용봉단차를 완성한 동시에 용봉단차의 제다법과 용봉단차의 점다법을 완성하였다. 송대 채양의 『다록』 외에, 명대 장원張源, 정용빈程用賓, 풍시가馮時可 등도 『다록』이라는 명칭의 다서를 지었다.

(2) 『대관다론大觀茶論』

송 휘종徽宗 조길趙佶이 1107년에 완성하였는데, 휘종은 각별한 차의 애호가였다. '대관大觀'은 휘종의 연호로, 대관 초년에 휘종이 『다론茶論』을 완성하였으므로 『대관다론』으로 불려진다.

내용은 차나무를 심는 방법·차를 따는 시기·방법·차를 찌는 방법·압착법·제다방법 및 차의 감별법 등으로 모두 육우의 『다경』을 중점으로 하여 송대 변혁에 대해 상세히 논했다.

먼저 서론에서 당시 태평성세 속에 음다가 시대적 기풍이 되고, 용봉단차가 최고의 차가 되고, 품다가 성행하는 가운데 차의 생산이 크게 발전하였다고 서술했다. 그리고 이어서 20개 항목으로 나누어 산지地産·좋은 때[天時]·채다 선별[采擇]·찌고 누르기[蒸造]·감별[鑒辨]·백차白茶·채메[羅碾]·잔盞·다선茶筅·탕병湯餠·표자杓子·물[水]·달이기[點]·맛[味]·향내[香]·빛깔[色]·저장[藏焙]·이름[品名]·민간차[外焙] 등을 다루었다. 전체적으로 자연 생태 환경이 차의 품질에 미치는 중요성을 강조하고, 아울러 제다 기술이 품질에 미치는 영향을 강조했다.

(3) 『선화북원공다록宣和北苑貢茶錄』

송대 웅번雄蕃이 1121~1125년경에 지었다. '선화宣和'는 송 휘종의 연호로 이 책의 저작시기를 나타낸다. 웅번雄蕃의 아들 웅극雄克이 1158년에 증보하였고, 청대 왕계호汪繼濠가 주해를 하였다. '북원北苑'은 복건성의 건안현 동쪽의 봉황산鳳凰山 산록의 궁전 전용 다원茶園의 이름이다. 이 책은 북송의 황실 전용 다원의 역사·제다·공물로 바치는 과정을 소개했다. 송대 976년 초에 북원에서 제다한 단차가 민간의 차와 구별되면서 용봉차가 여기에서 시작되었다. 책 말미에 어원의 채다가采茶歌 10수와 그림 38폭이 부록으로 실려 있다. 그림 위에는 공차貢茶의 대소 크기가 적혀 있다. 당시 각종 공차의 형태와 공차 연구에 참고 가치가 있다.

3) 명대의 다서

명대에는 다서가 가장 많이 지어졌으며 58권이 전해진다. 하지만 편집과 찬집 형태의 저술이 많았다. 명대에는 잎차의 제다법이 정립되고 나아가 잎차의 행다법이 완성되어 차생활에 관해서도 250여건의 기록이 전해지고 있다.

(1) 『다보茶譜』

명대 주권朱權이 지었으며 1440년경에 출판되었다. 내용은 주로 차의 품평과 자다煮茶 기구에 대해 중점을 두었다. 서언에서는 차의 효능에 대해 주로 소개했다. 차의 이름에는 차茶·가檟·설蔎·명茗·천荈 등의 이름이 있지만, 모두 차에 다른 향을 첨가하면 차의 참맛[眞味]을 잃는 것이라고 생각했다. 모든 사물은 자연의 성질의 따라야 하므로 단차로 가루를 빻는 것을 반대하였으며, 차엽을 그대로 끓여 먹어야 한다고 했다.

전체 내용은 품다品茶·저장·점다點茶·중훈다법熏香茶法·다로茶爐·다시茶匙·다선茶筅·다구茶甌·다병茶瓶·전탕법煎湯法·품수品水 등의 16항으로 분류했다. 특히 증청蒸青한 차엽의 팽음법을 상세히 소개하여 독창적인 팽음법을 제창했다.

다서 중에 『다보』라고 이름 지은 책은 일찍부터 있었다. 오대 시기에 모문석毛文錫이 지은 『다보』(935)가 있었으나, 이 책은 전해지지 않는다. 각 성의 지방지에서 인용되고 있는 것으로 보아 이 책은 당시 각지 차나무의 품종과 차의 품질을 상세하게 개황하고 있었던 것으로 전해진다. 송대에도 왕단례王端禮가 『다보』(1100)를 지었으며, 명대에는 전춘년錢春年이 1539년에 동명의 책을 지었고, 고원경顧元慶이 1541년에 『다보』의 교주본을 냈으며, 진영陳榮이 1592년에 『다보』를 출판했다. 그 외에도 송대 채종안蔡宗顏이 『다보유사茶譜遺事』(1150)를, 장여지莊茹芝가 『속다보續茶譜』(1223)를 지었다. 명대에는 조지리趙之履가 『다보속편茶譜續編』(1535 전후)을, 손대수孫大綬가 『다보외집茶譜外集』(1588)을 지었다.

(2) 『다소茶疏』

명대 허차서許次紓가 1597년에 지었다. 전체 내용은 36항으로 구성되었으며, 작자는 자신의 경험에 근거하여 종합적인 다서를 지었다. 차의 채취·초제炒制·수장收藏 · 팽자烹煮 · 용수用水 등에 대해 상세하게 서술했다.

허차서는 최초로 녹차의 초제법炒制法을 소개하고, 살청殺青의 방법에 대해서도 자세하게 다루었다. 고온에서 살청하는 이러한 초청법은 녹차의 빛깔과 향기와 맛을 크게 증진시켰다. 이로써 명대 사람들은 차의 자연스럽고 순수한 향기를 맛볼 수 있게 되었다. 그는 또한 차엽에 향료를 혼합하면 차의 진미를 잃는다고 하여 반대했다.

그는 음다와 인체 건강과의 관계에 대해서는 "차는 오랫동안 마셔야 하나, 차를 많이 마셔서는 않된다."고 했다. 자주 차를 마시면 심장과 폐를 깨끗하게 하고 번뇌와 우울을 해소시키나, 많이 마시면 비장과 신장을 상하게 하여 설사를 하거나 오한이 날 수 있다고 했다. 차를 즐기기에 적당한 때[飮時]와 차 마시기를 정지해야 하는 때[宜綴]에 대해서도 상세하게 다루었다. 이 책은 명대 다서 중에 비교적 중요한 문헌으로 간주된다.

(3) 『다서전집茶書全集』

명대 유정喩政이 1613년에 지었다. 그는 중국의 고대 다서를 집록하여 다엽 총서를 완성했다. 책은 인의예지신仁義禮智信의 5부와 부록으로 구성되었다. 육우의 『다경』을 비롯하여 25종의 다서를 싣고, 부록으로 『팽다도집烹茶圖集』을 실었다.

4) 청대의 다서

청대의 다서는 10종이 출판되었으나, 찬집이나 편집 형태의 저술이 많다. 청대에는 차생활이 대중화 되면서 차생활에 관한 기록이 580여건으로 가장 많이 남아있다. 다도 이론이나 행다법은 이미 청 이전에 정립이 되어 청대에는 대부분 전대의 것을 모방하는 수준에 머물렀다.

(1)『호구다경주보虎丘茶經注補』

청대 진감陳鑑이 1655년에 완성하였다. 이 책은 '호구차虎丘茶'를 전문적으로 다룬 책이다. 육우의 『다경』을 모방하여 10항목으로 구성했다. 매 항목마다 『다경』의 원문을 싣고, 그 아래에 주석을 달고 증보하면서 '호구차'에 관한 이야기를 기록했다. 이 책은 육우가 강소성 소주에 위치한 호구산虎丘山에 머물면서 차를 연구한 기록을 고증한 것이다.

(2)『다소茶疏』

청대 유원장劉源長이 1669년경에 지었다. 책은 2권 30항목으로 구성되었다. 책 앞에 각 저자와 육우・노동盧仝의 사적을 기록했다. 제1권에서는 차의 기원과 차의 명산지, 당송 시기 명가의 품차・차의 채취・제다・저장 등으로 구성되었다. 제2권은 품수品水・명천名泉・저수貯水・다구・다사茶事・차의 감상과 분별・차의 효능 및 명가의 다시 등으로 나누었다. 대부분 전인의 저서를 인용한 것으로 내용은 많지만 잡다하다.

(3)『속다경續茶經』

청대 육정찬陸廷燦이 1734년에 지었다. 책은 3권으로 나누었는데, 육우의 『다경』의 구성과 마찬가지로 10항목으로 구성했고, 그 밖에 역대의 다법을 부록으로 실었다. 작자는 각종의 고서에서 차와 관련 있는 자료를 절록하여 항목별로 기재했다. 당으로부터 청에 이르기까지의 차의 생산지와 제다법・팽음법 및 그 용구에 대한 서술은 이미 육우가 언급한 것과 대동소이하나 내용이 풍부하다.

5) 현대의 다서

현대에도 많은 다서가 출판되었다. 다엽 전공 교재로 많이 쓰이는 대표적인 다서와 다학 관련 간행물은 다음과 같다.

농업과학원 다엽연구소에서 편찬한 『다수병충해예방茶樹病蟲防治』(1974)은 그림 대조 형식으로 주요 차나무 해충의 종류 및 그 예방 치료법을 소개했다. 49종의 주요 차나무 해충의 형태와 특징, 생활 습성과 주요 예방 기술 및 16종의 주요 차나무 피해의 증상, 병원균, 발병 과정과 주요 치료 기술 및 27종의 상용 농약을 소개하고, 아울러 부록으로 유관 자료를 소개했다. 중국의 차나무 병충해에 관한 비교적 전면적인 저서에 속한다.

『다수재배학茶樹栽培學』(1979)은 절강농업대학에서 편찬한 책으로 중국의 농업대학에서 차엽 전공 교재로 많이 쓰이고 있다. 책은 서론과 12장으로 구성되어 있다. 중국 차엽 재배의 역사와 생산 지역 및 현황, 차나무의 생물학적 특성, 차나무 재배 관리상의 기술과 이론, 차엽 생산지역 등을 상세하게 다루었다.

이후, 동일 제목의 『다수재배학茶樹栽培學』(1986)이 중국 농업과학원 다엽연구소에서도 출판되었다. 책은 전체 14장으로 구성되었는데, 중국 전통의 차나무 재배 역사를 총결하고 50년대 이후 차나무 재배의 연구 성과 및 중국의 차나무 재배 지역 구분 등을 소개했다. 아울러 세계 차나무 재배의 발전 수준을 소개했다.

차엽 전공 교재로 널리 쓰이는 교재로 안휘安徽 농학원農學院에서 출판한 『제다학制茶學』(1979), 『다엽생물화학茶葉生物化學』(1980), 『다수병충해茶樹病蟲害』(1980) 등이 있다. 호남湖南 농학원에서 출판한 『다엽심사와 검사茶葉審評與檢驗』(1979)는 차엽 심사의 기본지식, 차엽 품질 형성과 품질 특징, 차엽의 표준 형태와 차엽 검사 표준 등을 서술하고 있으며, 심사 평가 항목과 차엽 검사 방법 등을 소개했다.

왕택농王澤農이 지은 『중국농업백과전서中國農業百科全書』(1988)는 728항목으로 나누어 졌고, 409편의 도록이 실려 있다. 중국의 다업 역사와 현대 중국의 다업 현황・다업 과학자・교육과 연구 기구・차나무 생물학・차나무 재배・차나무 육종・차나무 병충해・차나무 생물화학・제다・차엽 심사와 검사・다업 기계・다업 경제 무역 등의 지식을 10개 방면에서 소개했다. 아울러 세계 차 생산 국가의 주요 차나무 품종, 세계 각국의 다엽 생산과 소비 현황을 싣고 있다. 내용 색인과 영문 색인이 있으며, 현대 중국 다업 과학 기술 지식에 관한 주요한 교육서이다.

그 밖에 정기적・연속적으로 출판 간행되고 있는 차 관련 간행물도 20여 종이 있다. 그 중에 정식 간행물로 출판되는 것이 10여종이 있고, 비공식적인 내부 간행물로 출판되는 것이 10여종이 있다.

중국내 신문 출판국에서 인정한 간행물로는 『다엽과학茶葉科學』(중국다엽학회), 『중국다엽中國茶葉』(중국농업과학원 다엽연구소), 『다엽문적茶葉文摘』(중국농업과학원 다엽연구소), 『다엽茶葉』(절강성 다엽학회), 『복건다엽福建茶葉』(복건성 다엽학회), 『다엽과학간보茶葉科學簡報』(복건성농업과학원 다엽연구소), 『다엽통신茶葉通訊』(호남성 다엽학회), 『잠상다엽통신蠶桑茶葉通訊』(강서성 잠상다엽연구소), 『다신茶訊』(대만구 제다공업동업공회), 『다엽월간茶葉月刊』(육우다예중심) 등이 있다. 이 중에서 『다신茶訊』과 『다엽월간茶葉月刊』은 대만에서 출판되는 간행물이다.

3. 중국의 다시

차에 대한 기록은 전문적인 서적에서만이 아니라 문인들에 의해 다양한 문학 형태로 기록되어 전해졌다. 그 중 다시茶詩로 가장 많이 전해진다. 다시란, 좁은 의미에서 말하자면, '영다詠茶' 즉 차를 시가의 주제로 삼은 것을 말하는데, 이러한 다시의 수량은 그다지 많지 않다. 넓은 의미에서 말하자면, 다시란 차를 소재로 읊은 다시 뿐만 아니라, 시가의 주제는 아니지만, 시가 속에 차를 언급한 것 까지 포함하는데, 이러한 다시의 수량이 매우 많다. 현재 일반적으로는 일컫는 다시란, 넓은 의미에서의 다시를 가리킨다. 즉 차를 주제로 한 시가와 차가 언급된 시가를 말한다.

차문화가 형성된 당나라 이후, 시대별로 많은 다시가 지어졌다. 기록에 의하면,

당대에는 500수, 송대에는 약 1,000수, 명청 시기와 근대에 까지 약 2,000여수가 지어졌다. 특히 송나라 때에는 경제의 번영으로 '투다鬪茶'와 '다연茶宴'이 성행하는 가운데 가장 많은 다시가 지어졌다.

문인들의 차에 대한 관심과 흥미로 인하여 중국의 다시나 다사茶詞는 그 수량이 많을 뿐만 아니라, 소재가 매우 다양하다. 명차는 물론 명천·다구·팽다·제다 및 채다 등이 소재가 되었다. 시의 형식면에서 다시에도 오언고시·칠언고시·오언율시·칠언율시·배율·오언절구·칠언절구 등 다양한 형태가 있다. 아래에서는 시대별로 대표적인 다시를 감상하도록 한다.

1) 위진남북조의 다시

당나라 이전에는 차를 뜻하는 '차茶'자가 없어 '도荼'자로 표기하였다. 따라서 중국의 시가와 차문화와의 관계를 살펴보기 위해서는 일반적으로 처음 중국의 시가에서 보이는 '도荼'에 대한 고찰로부터 시작한다. '도荼'자는 중국 최초의 시가 총집인 『시경』에 처음 보이나, 이 글자가 차를 가리키는 지의 여부에 대해서는 중국에서도 줄곧 논쟁이 끊이지 않았다. 『시경』이후, 한대의 악부민가樂府民歌와 고시古詩 중에도 '차茶'자는 보이지 않는다.

'차茶'자가 처음 차를 언급한 시편에 보이는 것은 육우의 『다경』에서다. '차茶'자는 『다경』에 실려 있는 장재張載의 <등성도루시登成都樓詩>, 손초孫楚의 <출가出歌>, 좌사左思의 <교녀시嬌女詩>, 왕미王微의 <잡시雜詩> 등 네 편의 시에 보인다. 이 시는 모두 한 이후부터 당 이전에 지어진 작품으로 혹자는 <교녀시嬌女詩>를 최초의 다시로 간주하기도 한다. 그러나 이 네 수의 시는 창작 년대를 잘 알 수 없을 뿐 아니라 어느 편이 먼저 지어졌는지에 대해서도 아직 명확히 알려져 있지 않다. 더욱이 육우는 시 전체를 실은 것이 아니라 시의 일부만을 싣고 있다.

서진 말 동진 초기에 처음으로 차생활을 전문적으로 읊은 시가 한 편 출현했다.

두육杜毓의 <천부荈賦>는 초기 차문화와 시문의 결합을 보여주는 중요한 예로써 진대晉代 중국 차문화의 현황 묘사가 상당히 구체적이다.

천부(荈賦)

두육(杜毓)

靈山惟岳, 영산은 큰 산이라
奇山所鍾, 기이한 것들이 다 모여 있다네.
厥生荈草, 그곳에 찻잎이 자라
彌谷被崗. 골짜기에 산등성이에 가득하다네.
承豐壤之滋潤, 풍요로운 대지의 자양분을 받고
受甘露之霄降. 하늘에서 내리는 감로를 마신다네.
月惟初秋, 때는 바야흐로 초가을이라
農功少休, 농사일 한가해지면
結偶同旅, 짝을 지어 길동무가 되어
是采是求. 차를 따러 간다네.
水則岷方之注, 물은 민강의 물이어야 하니
挹彼清流, 그 가운데 맑은 물을 뜨고
器擇陶簡, 다기는 도기를 고르니
出自東隅, 동쪽 지역에서 나온 것이어야 하고
酌之以匏, 표주박으로 찻잔을 삼는 건
取式公劉. 그 옛날 공유의 방식을 따른 것이네.
惟兹初成, 이리하여 첫탕을 달이면
沫沈華浮, 차가루는 가라앉고 탕화가 피니
煥如積雪, 흰 눈처럼 눈부시고
曄若春敷. 봄꽃처럼 환하네.

이 시는 찻잎의 성질, 성장 상황, 채취 방법과 차에 사용하는 물, 다구, 차의 탕색 등을 묘사하고 있다. 이 시는 판본에 따라 글자에 다소 차이가 있다. 당시 이미 차가 갈증을 해소하고 피로는 없애는데 유익한 것으로 간주되고, 차가 귀족들과 문인들을 통해 널리 전파되면서 음다는 문화적 현상으로 발전하기 시작했다. 당시에 차는 중국 서남부의 파촉 지역에서부터 중원에까지 전파되었으나, 오래지 않아 남북조가 분열되고 북방 소수민족간에 분쟁이 증가하자 차와 중국시가와의 결합은 크게 발전하지 못했다.

2) 당오대의 다시

당대에는 이백李白·두보杜甫를 비롯하여 백거이白居易·유우석劉禹錫·유종원柳宗元·온정균溫庭筠·위응물韋應物·맹교孟郊·육우陸羽·원진元稹·노동盧仝·교연皎然·제기齊己·피일휴皮日休 등 많은 시인들이 다시를 지었다. 그 중에 백거이는 다시 50여수를 남겼다.

당대의 다시에 이르러서는 다양한 형식이 시도되었다. 고시를 비롯하여 율시·절구·궁체시·보탑시寶塔詩 등이 출현한다. 그 중에 고시 형식의 다시가 가장 많은데, 오언고시와 칠언고시 중에는 잘 알려진 명시가 다수 있다.

이백의 <옥천산의 선인장차를 선물한 조카 승려 중부선사에게 답함[答族姪僧中孚贈玉泉仙人掌茶]>시는 오언고시로 20행 100자로 구성되어 있다. 명차를 시의 주제로 지은 최초의 다시이다. 이 시는 명차인 '선인장차'의 출처와 품질 효능 등을 상세하게 묘사하고 있어 중요한 차의 역사자료이

전송(傳宋) 전선(錢選) 노동팽다도(盧仝烹茶圖)

자 차를 읊은 명편으로 꼽힌다.

노동의 <햇차를 보내 온 맹간의에게 글로 감사하며[走筆謝孟諫議寄新茶]>는 유명한 영다시詠茶詩다. 이 작품은 산문에 가까울 정도로 긴 장편의 칠언고시다. 차에 대한 깊은 감흥을 묘사하였다. 노동은 처음으로 병차를 달에 비유했는데, 후대 여러 시인들이 이를 모방하여 병차를 달에 비유하곤 했다.

원진의 <일자에서 일곱 자에 이르는 시[一字至七字詩]>는 탑처럼 쌓아간다고 해서 보탑시라고도 하고, 그 제목 그대로 지칭되기도 한다.

일자에서 일곱 자에 이르는 시〔一字至七字詩〕

원진(元稹)

茶

香葉, 嫩芽.

慕詩客, 愛僧家.

碾彫白玉, 羅織紅紗.

銚煎黃蕊色, 碗轉曲塵花.

夜後邀陪明月, 晨前命對朝霞.

洗盡古今人不倦, 將至醉後豈堪誇.

차

향기로운 잎, 부드러운 싹.

시인들이 사모하고, 스님들이 사랑하네.

맷돌은 백옥에 새기고, 채는 붉은 명주로 짰네.

차 솥에서 황색으로 끓더니, 잔에는 곡진화로 바뀐다네.

밤에는 밝은 달님 모셔 들이고, 새벽에는 아침노을 불러오네.

예부터 사람들의 권태 씻어 주니, 술에 취하는 것이 어찌 자랑이리오.

원진이 다연茶宴 석상에서 즉흥적으로 읊은 시로 알려져 있는 이 시는 서두에서부터 시제인 차를 명확하게 나타낸 연후에 단계별로 차를 묘사하고 있다. 먼저 차의 본성과 차의 애호가들을 말하고, 이어서 차의 자다법과 당시 음다 습속을 묘사한 연후에 차의 효용을 묘사했다.

이런 유의 시는 한 글자로 된 자구에서 일곱 글자로 된 자구로 운을 이루는 시인데, 후에는 아홉 자구까지 더하기도 하였다. 매 구 혹은 매 두 구의 자수가 순서대로 늘어가는 방식으로 지은 것이다.

당대에는 이 밖에도 다양한 소재로 다시가 지어졌다. 그 중에는 명차를 소재로 하는 것을 비롯하여 차를 달이고, 차를 마시고, 차를 채취하고, 차를 만드는 것은 물론 이름난 샘이나 다구 등에 이르기까지 다양한 소재로 다시가 지어졌다.

3) 송대의 다시

송대의 다시는 당대의 기초 위에서 지속적으로 발전했다. 북송 초기부터 중기를 거쳐 후기에 이르기까지 많은 시인들이 다시를 지었다. 매요신梅堯臣·구양수歐陽修·왕안석王安石·소식蘇軾·육유陸游·범성대范成大·양만리楊萬里 등이 모두 인구에 회자되는 많은 다시와 명구를 남겼다. 그 중에 매요신·소식·육유 등은 특히 많은 다시를 남겼다.

송대의 다시도 당대처럼 다양한 형식의 다시가 시도되었다. 고시를 비롯하여 율시·절구·회문시回文詩 등의 형식을 취한 다시도 있다. 특히 송대에는 송을 대표하는 문학 장르인 사詞의 형식으로도 처음 '다사茶詞'가 지어졌다. 소식과 황정견 등은 많은 다사를 남겼다.

학원에서 만든 햇차를 부친다는 조보의 시에 차운함〔次韻曹輔寄壑源試焙新芽〕

소식(蘇軾)

仙山靈草濕行雲, 선산의 신령스런 풀 구름이 적시니
洗遍香肌粉末勻. 깨끗이 목욕하고 곱게 단장을 하였네.
明月來投玉川子, 밝은 달 떠올라 노동을 비추니
清風吹破武林春. 맑은 바람 무림산까지 불어 오네.
要知玉雪心腸好, 알겠노라, 환한 모습과 고운 마음씨
不是膏油首面新. 분으로 얼굴을 단장해서가 아님을.
戲作小詩君勿笑, 장난삼아 지은 짧은 시 그대 웃지 마시게
從來佳茗似佳人. 예로부터 좋은 차는 가인과 같다오.

이 시는 조보가 복건성에서 차일을 관장하고 있을 때, 학원의 햇차와 시 한 수를 보내오자, 소식이 이에 차운하여 지은 시다. 학원산은 당시 복건성의 황실용 다원이 있던 봉황산의 남쪽에 있던 산이다. 이 시의 마지막 구는 오늘날까지도 문인들과 차인들이 즐겨 인용하는 명구이다.

송대 다시의 제재도 거의 당대와 유사하다. 송대 명차시 중에는 용봉단차를 소재로 한 것이 가장 많다. 그리고 음다시 중에 가장 널리 인구에 회자되는 시는 범중엄范仲淹의 <장민과 차 겨루기를 하고 노래하다[和章岷從事鬪茶歌]>인데, 이는 일반적으로 <투다가鬪茶歌>로 더 잘 알려져 있다.

4) 명청대의 다시

원과 명청 시기에는 다시・다사 외에 차를 제재로 한 새로운 장르인 산곡散曲을 짓는 것이 유행했다. 산곡은 원대를 대표하는 문학 장르로 당시 유행한 노래 가사체를 말한다. 명대에는 사회 경제가 비교적 번영했지만, 다시의 발전은 당송 시기

에는 미치지 못하였다. 다시를 지은 시인으로는 문징명文徵明 · 황종희黃宗羲 · 고계高啓 · 원굉도袁宏道 · 서위徐渭 등이 있었다. 다시의 소재는 당송시기와 비슷하였으나, 특히 명차시는 용정차를 읊은 것이 가장 많았다.

품다도(品茶圖)

문징명(文徵明)

碧山深處絶纖埃, 푸른 산 깊은 곳에 속세와 절연하니
面面軒窓對山開. 다실의 창마다 산을 마주하였네.
穀雨乍過茶事好, 곡우는 차 마시기에 좋은 시절
鼎湯初沸有朋來. 차솥에 물 끓자 벗이 찾아오네.

이 작품은 작가가 자신이 그린 '품다도'의 산간 초옥에 주인과 손님이 마주 앉아 차를 감상하고 곁방에서는 다동茶童이 풍로 앞에서 불을 살피는 그림의 윗면에 적혀 있는 시다. 작가는 문인들과 자주 차모임을 열고 다화와 다시를 창작했다.

품다도

청대 주로 다시를 지은 작가들로는 진장陳章 · 장일희張日熙 · 조설근曹雪芹 · 공자진龔自珍 · 정섭鄭燮 · 고염무顧炎武 등이 있다. 청대 다시는 주로 고시 · 율시 · 절구 · 다사 등의 형식으로 지어졌다. 청대에도 명차시는 용정차를 읊은 것이 가장 많고, 다음으로는 무이차武夷茶를 읊은 것이 많았다.

용정샘에서 차를 달이다가 우연히 지음〔坐龍井上烹茶偶成〕

건륭황제(乾隆皇帝)

龍井新茶龍井泉, 용정 햇차에 용정의 샘물
一家風味稱烹煎. 일가의 법도대로 차를 달이네.
寸芽生自爛石上, 갓 돋아난 새싹 난석에서 자라니
時節焙成穀雨前. 말리는 시절은 곡우 전이라네.
何必龍鳳夸御茗, 용봉단차만이 어찌 임금의 차인가
聊因雀舌潤心蓮. 잠시 작설차로 마음을 적시네.
呼之欲出辨才在, 변재스님을 부르면 금방이라도 나와
笑我依然文字禪. 의연히 선문답하는 날 비웃으리.

이 시는 건륭제가 항주 서호의 용정에서 지은 시이다. 용정은 여러 가지의 의미가 있다. 용정은 차의 이름이자 샘의 이름이며 절의 이름이기도 하다. 이 시에서는 용정차와 용정의 샘을 함께 묘사하고 있다. 건륭제는 여러 차례 남쪽 순시를 하였는데, 차를 좋아한 건륭제는 그 중에 용정차를 읊은 시 4수를 지었다. 이는 그 중의 하나다.

청, 건륭중추상월행락도(乾隆中秋賞月行樂圖)

청대 다시 중에 특히 진장陳章과 장일희張日熙의 <채다가采茶歌>는 차 재배농가의 어려움을 잘 묘사한 시로 잘 알려져 있다. 일찍부터 시가 문학이 발달한 중국에서 차와 시가 결합하여 다시가 대대로 지어졌는데, 이 밖에도 역대 많은 시인과 문학가들이 적지 않은 다시를 남겼다.

참고문헌

角山 榮, 서은미 역, 『녹차문화 홍차문화』, 예문서원, 2001.

高玉珍, 『茶的文化』, 臺北 國立歷史博物館 民國, 1997(대만).

工藤佳治, 王海 譯, 『中國茶』, 熱知文化, 2006(대만).

金吉子 譯註, 『中國茶詩』, 현암사, 1999.

金明培 譯著, 『中國의 茶道』, 명문당, 2007.

김경우, 『중국차의 이해』, 월간다도, 2005.

김영섭, 『이것이 침향이다』, 도서출판 무한, 1999.

김영숙, 『중국의 차와 예』, 차의세계, 2006.

김영진, 『조선도자사연구』, 북한 사회과학출판사, 도서출판 춘추각 재출판, 1997.

김의정, 『茗園生活茶禮』, 명원문화재단, 2005.

김정연, 『중국차이야기』, 안그라픽스, 2004.

김정완, 『우리문화 속의 중국도자기』, 국립대구박물관, 2004.

龍志丹, 『六大茶山』, 中國輕工業出版社, 2006(중국).

陸羽茶藝編輯部, 『陸羽茶學討論』, 陸羽茶藝, 2001(대만).

맹번정・박미애, 『무이암차』, 이른아침, 2007.

문수, 『자사차호의 세계』, 바나리, 2004.

北小路功光 외, 『香道への招待』, 談交社, 2004(일본).

棚橋篁峰, 석도윤・이다현 역, 『중국차문화』, 하늘북, 1999.

上海出版公司 編輯部, 『圖解茶經』, 上海出版公司, 2007(중국).

서은미, 『北宋 茶 專賣 研究』, 국학자료원, 1999.

석용운, 『韓國茶藝』, 도서출판 초의, 2000.
宋伯胤, 『茶具』, 臺北 貓頭鷹出版社, 2003(대만).
스테판 멜시오르 뒤랑 외, 박혜영 역, 『차』, 창해, 2000.
여성유도회 교재편찬위, 『차(茶)생활』, 여성유도회 중앙회, 1997.
葉羽晴川, 박용모 옮김, 『工夫茶』, 한솜미디어, 2005.
____________________, 『보이차』, 한솜미디어, 2006.
王仁湘, 楊煥新, 『飮茶史話』, 國家出版社, 2003(대만).
王從仁, 김하림·이상호 옮김, 『중국의 차문화』, 에디터, 2004.
王從仁, 『中國茶文化』, 上海古籍出版社, 2001(중국).
王秋墨, 『中國老茶具典藏圖鑑』, 中國輕工業出版社, 2007(중국).
姚國坤, 王存礼, 『圖說中國茶』, 上海文化出版社, 2007(중국).
______, 『中國茶 香りの万華鏡』, 小學館, 2003(일본).
有本香, 『中國茶』, 小學館, 2004(일본).
兪永明 외, 『品茶圖鑑』, 笛藤出版, 2006(대만).
陸羽 著, 金明培 譯, 『茶經』, 태평양박물관, 1982.
윤병상 편역, 『茶道古典: 茶神傳·東茶頌·茶經』, 연세대학교 출판부, 2004.
이광주, 『동과 서의 茶이야기』, 한길사, 2000.
林乃燊, 『中國古代飮食文化』, 北京 : 商務印書館, 1997(중국).
林瑞萱, 『陸羽茶經講座』, 武陵出版, 2000(대만).
______, 『茶道十講』, 武陵出版, 2001(대만).
______, 『鬪茶十講』, 武陵出版, 2002(대만).
______, 『香道入門』, 武陵出版, 2005(대만).
鄭培凱, 朱自振 主編, 『中國歷代茶書匯編校注本』(全二冊), 商務印書館, 2007(홍콩).
周君怡, 『淸心泡壺臺灣茶』, 太雅生活館, 2000(대만).
周紅杰, 박용모 옮김, 『보이차』, 한솜미디어, (2007).
中國輕工業編輯, 『初級茶藝』, 中國輕工業, 2006(중국).
池宗憲, 『選好壺, 泡好茶』, 宇河文化, 2004(대만).
______, 『走進中國茶的世界』, 積木文化, 2005(대만).
陳宗懋 主編, 『中國茶經』, 上海文化出版社, 1992(중국).

蔡榮章,『無我茶會 180條』, 陸羽茶藝, 1999(대만).
______,『現代茶藝』, 陸羽茶藝, 1999(대만).
______,『茶學概論』, 中國國際無我茶會推廣協會, 2000(대만).
______,『茶道教室』, 天下文化, 2002(대만).
______,『說茶之陸羽茶道』, 北京燕山출판, 2005(중국).
天津人民美術出版 編輯,『中國歷代仕女畵集』, 天津人民美術出版社, 2007(중국).
최성희,『우리차 세계의 차』, 서원, 1999.
胡文彬,『酒香茶濃說紅樓』, 山西教育出版社, 1998(중국).
黃孟華,『開茶店』, 上旗文化, 2003(대만).
黃美瑛,『茶香風情』, 膳書房, 2004(대만).
荒川浩和,『香道具』, 談交社, 2005(일본).
曉紅,『中華一壺茶』, 中國林業出版社, 2007(중국).
Worldphoto 편집부,『茶樂』, Worldphoto, 2004(일본).

http://www.china-pot.com.tw
http://www.t4u.com.tw
http://chinatea.cocolog-nifty.com
http://www.teancha.com
http://www.dahunjung.com
http://www.cafe.daum.net/incense
http://www.blog.daum.net/ttaoism
http://www.teancha.com

저자약력

김정희

한양대학교 중어중문학과를 졸업.

고려대학교 대학원 중어중문학과에서 박사학위.

타이완 중앙연구원에서 수학.

중국 상하이 푸단대학 박사과정 이수.

현재 한양여자대학 중국어과 교수.

논문 「周邦彦의『淸眞詞』硏究」, 「中國詞學의 한중일 연구경향 비교분석」 등.

번역서 『베이징이야기』.

조미라

이화여자대학교 행정학과를 졸업.

성균관대학교 생활과학대학원에서 생활예절・다도 전공으로 석사학위.

타이완 육우다도중심에서 포다과정 이수.

현재 성균관대학교 동양철학과 박사과정에 재학.

동대학 학부대학 겸임교수 및 (주)에스이테크노의 대표로 재직.

김신연

숙명여자대학교 국어국문학과를 졸업.

숙명여자대학교 대학원 국어국문학과에서 박사학위.

현재 한양여자대학 여성인력개발과 교수로 재직. 예절서비스교육센터장.

저서 『조선시대의 규범서』, 『전통생활예절』, 『자신의 가치를 높여주는 매너와 서비스』 등

유정숙(다예시연)

嘉松茶禮苑 원장

조윤희(그림)